Birgit Kahle

◆

Kubanisch kochen

Gerichte und ihre Geschichte

◆

Unter Mitarbeit von
Cecila Pendás Gil

Verlag Die Werkstatt · Edition d i á

4

Die Deutsche Bibliothek – CIP-Einheitsaufnahme

Ein Titeldatensatz für diese Publikation ist bei
Der Deutschen Bibliothek erhältlich.

1 2 3   2003 2002 2001

Titelfoto: Birgit Kahle
Fotos: Birgit Kahle (S. 16A, oben; S. 17A, oben;
S. 48A; S. 49A, Mitte; S. 80A; S. 81A, unten; S. 129A)
Ralf Niemzig (S. 49A, oben und unten;
S. 128A, oben und unten)
ansichtssachen.de (S. 81A, oben)

Druck & Bindung: Westermann Druck Zwickau GmbH
Gesamtherstellung: Verlag Die Werkstatt,
Lotzestraße 24a, D-37083 Göttingen
www.werkstatt-verlag.de

ISBN 3-89533-311-5

Inhalt

Die kubanische Küche

Die Assoziationen, die Kuba auslöst, sind eines zuallerletzt: neutral. Kuba spaltet und ist Thema erbitterter Ideologiekämpfe. Mythos und reale Fiktion. Eine kolossale Metapher für das Leben. Wer seinen Fuß je auf den Boden der größten Antilleninsel gesetzt hat, wird sich ihrem Zauber nur schwerlich wieder entziehen können. Denn eines ist auch klar: Diejenigen, die Kuba hassen, verachten nicht das Land oder deren Menschen, sondern das, was das politische System angeblich daraus gemacht hat.

So ist es denn auch nicht einfach zu beschreiben, ob Essen und Trinken auf Kuba echte Passion sind oder nur eine, von der man besessen ist, weil es zuweilen so wenig gibt. Für ein kubanisches Kochbuch stellt sich schnell die Frage: Sollen nur zeitgenössische Rezepte berücksichtigt werden, die im heutigen Kuba tatsächlich (feier-)täglich auf der Speisekarte stehen? Das würde heißen, sich auf Reis, Bohnen, ein paar Wurzelgemüse, Sojafleisch und etwas Huhn als Zutaten zu beschränken. Das Buch wäre Abbild der gegenwärtigen politischen Lage geworden, erwachsen aus dem jahrzehntelangen US-Embargo, ebenso langer Misswirtschaft und dem Untergang der kommunistischen Partnerländer Kubas in den neunziger Jahren. Das erscheint wenig sinnvoll.

Mangel hin, Planwirtschaft her: Die Kubaner lieben das Essen beinahe so innig wie ihren Rum, ihre Musik und die Liebe. Die Reihenfolge variiert. Am meisten lieben sie es, wenn es viel von allem gibt. Spätestens in der Küche treffen Sinneslust und Magenfreuden aufeinander, getreu dem alten Macho-Sprüchlein: *Si cocinas como caminas, me como hasta la raspa!* Wenn du so kochst, wie du gehst, kratze ich auch noch den letzten Rest aus dem Topf! Daher wird,»Spezialperiode« hin, Sozialismus her, keine Gelegenheit ausgelassen, richtig aufzutischen.

Einleitung

Si cocinas como caminas, me como hasta la raspa! Wenn du so kochst, wie du gehst, kratze ich auch noch den letzten Rest aus dem Topf!

Meisterköche fallen nicht vom Himmel, erst recht nicht im sozialistischen Kuba. Kosmopolitisch geht es anderswo auf der Welt zu, trotz oder vielleicht gerade wegen eines mächtigen Tourismus-Booms. Die kubanische Küche war und ist konservativ und bodenständig, dabei aber immer so flexibel und kombinationsfreudig, wie es die Umstände nun einmal verlangen. So stehen hier alte, traditionell opulente Rezepte neben innovativ-frugalen Gerichten, die aus dem gegenwärtigen Mangel eine Kunstform machen.

Comida Criolla

Wie überall in der Karibik hat die wechselhafte und leidvolle Kolonialgeschichte der Region ihre Spuren auch in Kubas Kochtöpfen hinterlassen. Obgleich das Land wohl die Nation mit der größten kulturellen und ethnischen Vielfalt in ganz Mittelamerika ist, so hat sich hier – anders als zum Beispiel auf der Nachbarinsel Jamaika – keine wirklich profilierte Nationalküche entwickelt. Dem werden viele Miami-Kubaner heftig widersprechen: Nur ist das, was in Floridas Südspitze heute als »kubanische Küche« bezeichnet wird, ein Amalgam aus Erinnerungen und den mannigfaltigen Einflüssen einer multikulturell geprägten US-Küche. *Auch* kubanisch, aber bestimmt für ein anderes Buch.

Weder Spanier noch Engländer oder Franzosen, die alle zeitweise auf der Insel herrschten, wirkten richtungsweisend auf Kubas Küche. Dafür waren die Perioden ihrer Einflussnahme zu wechselhaft oder zu kurz. Der Leidensweg der schwarzen und chinesischen Sklaven, deren Nachfahren heute einen Großteil der Bevölkerung ausmachen, wirkt in Kuba kulturell und spirituell nach – auf die Essgewohnheiten des Volkes nahm er zwangsläufig weniger Einfluss. Im besten Fall ist die heutige Küche *criolla*, eine Mischung. *Criollo*, so nannte man früher den Nachwuchs aus Schwarz und Weiß. Heute nennt man die Kinder aus Mischehen *Mulatas* oder *Mulatos* – nur noch das Essen oder bestimmte Musikstile sind *criollo*. Wenn also von *Comida criolla* die Rede ist, dann deshalb, weil die spanisch-afrikanische Tradition innerhalb der kubanischen Esskultur zumindest oberflächlich obsiegt hat.

Spätestens nach der Blitzausrottung der Taínos, Kubas indianischer Ureinwohner, durch spanische Eroberer war es vorbei mit dem so nahe liegenden wie gesunden Verzehr von Fisch und Meeresfrüchten.

Indianische Wurzeln

10

La isla más hermosa que ojos hayan visto –
Die schönste Insel, die Menschenaugen je geschaut haben

Casaba – das Yucca-Brot

Als Zynismus der Geschichte finden sich die einzigen Aufzeichnungen über indianische Essgewohnheiten bei dem Mann, dem die auch Arawak-Indianer genannten Taínos in letzter Konsequenz ihre Ausrottung verdanken: Christoph Kolumbus. Er, der Mitte des 15. Jahrhunderts von den landschaftlich wenig spektakulären Bahamas herbeisegelte, war von Kuba schier überwältigt. Es sei »*la isla más hermosa que ojos hayan visto*«, die schönste Insel, die Menschenaugen je geschaut haben, notierte er am 28. Oktober 1492.

Die Taínos, auf die er und seine Männer bald nach dem Landgang trafen, beschrieb er als freundliches, wenn auch »wildes« Volk, was wohl als Auslegungssache gelten kann: Die Eingeborenen lebten in runden Palmhütten, dösten angeblich die meiste Zeit in ihren *Hamacas* (Hängematten), rauchten *Tabacos* oder spielten *Batos* (Vorläufer des Baseballs). Sie ernährten sich von den Erträgen der Fischerei, gelegentlicher Jagd und kultivierten eine kastanienähnlich schmeckende Wurzel: Yucca, noch heute eines der Lieblingsgemüse der Kubaner. Ihr Trinkwasser bewahrten sie in gebrannten Lehmkrügen oder ausgehöhlten Kürbissen auf. Bei der Fischerei wandten sie einen smarten Trick an: Sie benutzten den Guaicán-Fisch, dessen Maul eine Art Saugmechanismus aufweist, um mit ihm andere Fische zu fangen.

Wie viele andere Indianerkulturen in Mittel- und Südamerika verzehrten die Taínos und ihre Nachbarn, die Siboney, gerne Mais, Hülsenfrüchte und Nüsse. Aus der Yucca-Wurzel backten sie ein Fladenbrot, das sie *Casaba* nannten. Die Rezeptur – hauptsächlich geschälte und geriebene Yucca und etwas Wasser – ist überliefert. Erdnüsse zählten zu den favorisierten Nahrungsmitteln der Indios, daran hat sich auf Kuba nichts geändert. Noch heute bieten Straßenverkäufer mit dem gellenden Ruf »*Mani – Mani*« überall geröstete Erdnüsse feil. Über weitere Details der indianischen Esskultur liegt das Leichentuch des Kolonialismus.

Kolumbus wird in seinen Tagebüchern nicht müde, seiner Faszination für die Insel Ausdruck zu

verleihen. Wieder und wieder beschrieb er bezau-
bernde Buchten, hohe Küstengebirge, majestäti-
sche Königspalmen und den betörenden Duft von
Blüten und Gewürzen. Seinem Paradies auf Erden,
so schien es, begegnete er auf Kuba, einem Land, in
dem die Menschen freundlich und friedfertig
(»weit entfernt von jeder Schlechtigkeit«) und wo
Hunger und Armut im neuzeitlichen Sinne unbekannt waren.

Oft wird behauptet, unmittelbar nach der Ent-
deckung Kubas durch Christoph Kolumbus 1492
habe die Dezimierung der etwa 300.000 indianischen Ureinwohner begonnen. Doch das ist histo-
risch falsch, im Gegenteil: Am Anfang wähnte man
sich in bestem Einvernehmen. Für Kolumbus war
die Insel, die er nach der spanischen Infantin Juana
getauft hatte, das Beste, was ihm je begegnet war.
Natürlich war er kein reiner Menschenfreund, ihn
trieb die Aussicht auf Ruhm und Ehre in der spanischen Heimat. Gold und Edelsteine mögen ihn
persönlich weniger interessiert haben, aber sie waren Schlüssel zu Heldentum und historischer Un-
sterblichkeit.

Die Siboney und Taínos begrüßten die Spanier
ihrerseits als Gottgesandte. Sie boten ihnen Speisen
an – vermutlich überwiegend Fisch und Gemüse –
und führten sie in die Rituale des Tabakrauchens
ein, was die Spanier sogleich faszinierte. Über viele
Wochen hinweg wurden Kolumbus und seine
Mannen aufs Herzlichste bewirtet.

Kolumbus hat Kuba noch aus einem anderen
Grund zu Berühmtheit verholfen: Von seiner zweiten Tour in die Karibik brachte er »braunes Gold«
mit: *Caña*, das Zuckerrohr. Im Laufe der nächsten
fünf Jahrhunderte avancierte Kuba zu einem
mächtigen Großexporteur von Zucker. Heute wird
daraus der beste Rum der Welt gebrannt.

Erst zwanzig Jahre nach Kolumbus – aus Juana
war inzwischen Cuba geworden, eine Ableitung
des indianischen Wortes *cubanacán* – kamen wieder Spanier auf die Insel, diesmal als Soldaten. Auf
der Suche nach vermeintlichen Goldvorkommen,
über die Kolumbus in seinen Tagebüchern speku-

Zuckerrohr –
das »braune Gold«

liert hatte, vernichteten sie alles, was sich ihnen in den Weg stellte. Von der Grausamkeit der Spanier hatte man zu diesem Zeitpunkt auf Kuba bereits gehört: Indianer von den Nachbarinseln waren nach Kuba geflüchtet, um dem dortigen Gemetzel zu entgehen. Sie versuchten auf der Insel einen aussichtslosen Widerstand zu organisieren – der erste in einer langen Kette von Revolten gegen fremde und selbst ernannte Machthaber, die Kubas Schicksal werden sollten. Einer der aufrührerischen Häuptlinge wurde von den Spaniern in einer spektakulären Inszenierung auf dem Scheiterhaufen hingerichtet und galt als Kubas erster Revolutionär: der Kazike Hatuey.

Hatuey – Revolutionär auf dem Scheiterhaufen

Bis 1570 war nahezu die gesamte indianische Bevölkerung Kubas ausgerottet. Einige wenige Versprengte sollen sich in die Berge gerettet haben. Mit wem die Spanier nicht kurzen Prozess machten, den raffte die Fronarbeit in Bergwerken und auf Plantagen dahin. Wer sogar das überlebte, starb spätestens an den eingeschleppten europäischen Seuchen. Auch zahlreiche kollektive Selbstmorde sind überliefert.

Kubas Küche kann heute also auf nahezu keine indianischen Wurzeln zurückgreifen. Zumindest ein indianischer Name ist jedoch von den Tischen der Insel nicht wegzudenken: Die bekannteste Biermarke Kubas heißt nach dem Revolutionär der ersten Stunde Hatuey.

Afrikanische Einflüsse

Die Indianer waren für die Schwerarbeit auf den Plantagen und in den Bergwerken der Kolonialisten nicht geeignet. Vielleicht wurden sie auch aus diesem Grund so schnell und radikal von den Spaniern dezimiert. Diese wollten sich des aufrührerischen Potenzials auf der Insel ebenso schnell entledigen wie der unnützen hungrigen Mäuler – in den Augen der neuen Herren waren sie nur unproduktive Schmarotzer.

Es mussten also andere, zähere Arbeitskräfte her, solche, die trotz körperlicher Höchstleistung das Fegefeuer des kubanischen Sommers vertrugen. Ab 1548 verschiffte man versklavte Afrikaner nach Havanna, das sich zeitgleich zu einer Art

Sammelplatz für Kolonialschiffe diverser Nationen
entwickelte. Von wesentlicher Bedeutung für die
Tradierung afrikanischer Sitten und Gebräuche
war, dass die Konquistadoren bei der Aufteilung
der Sklaven deren ethnische Zugehörigkeit für eine
kurze Weile berücksichtigten. So entstanden auf
Kuba feste Stammeszirkel wie die Abakuá oder
Congo. Sie bildeten nicht nur religiöse Gemein-
schaften, sondern versuchten auch ihre afrikanische Kultur in der Sklaverei aufrechtzuerhalten.
Das gelang nur bruchstückhaft und bezog sich
zwangsläufig mehr auf die Überlieferung von Tän-
zen und religiösen Riten als auf das Essen, zu dem
Sklaven nur rationierten Zugang hatten.

In der Blütezeit der Sklaverei züchtete die spanische Obrigkeit für den eigenen Verzehr Schweine
und Rinder, deren Häute zu Exportschlagern avan-
cierten. Überdies erreichten mediterrane Lebensmittel die Karibik: Oliven, Wein, Käse und das ge-
schätzte Olivenöl fanden im Bauch der Kolonialschiffe ihren Weg nach Kuba. Auch heute so
populäre Kräuter wie Basilikum oder Koriander
waren vor 1500 auf der Insel unbekannt. Die Spanier hielten an den angestammten Ernährungsge-
wohnheiten fest und ergänzten sie nur zögerlich
um tropische Früchte und vor allem um Zucker,
den es bald im Überfluss gab.

Importe vom Mittelmeer

Die Sklaven ernährten sich gezwungenermaßen
von dem, was ihre Herren für minderwertig hielten, gleichzeitig aber nahrhaft genug sein musste,
um die Schufterei zu überleben. Die tägliche Diät
bestand aus stärkehaltigen Wurzelgemüsen wie
Yucca und Maniok sowie Reis. Die heute noch so
beliebte *Malanga blanca* (weißer Maniok) ist vermutlich ein Überbleibsel der afrikanischen Sklavenküche. Wahrscheinlich kam sie aus Nigeria,
dem Land, aus dem die meisten Menschen auf die
Insel verschleppt wurden.

Afrikanische Sklavenküche

Zur täglichen Ernährung gehörten darüber hin-
aus diverse Bohnensorten sowie hin und wieder
Fisch. Eine Weile lang gestattete man den Sklaven-
frauen, kleine Gärten für den Eigenbedarf ihrer
Familien anzulegen. Selbst Schweine- und Hüh-

nerzucht durfte in geringem Umfang betrieben werden. Schnell entstand so der Brauch, an Festtagen, die immer auf die katholischen Feiertage fielen, aber mit eigenen okkulten Inhalten gefüllt wurden, deftig zu tafeln. Spanferkel, eingelegte Schweinekoteletts oder üppige Eintöpfe mit Hühnerfleisch, Knoblauch und Kräutern haben hier ihren Ursprung. Noch heute scheint ein »richtiges« kubanisches Essen erst dann perfekt, wenn sich die Fleischstücke türmen. Reichlich und nahrhaft muss es sein, diese Devise ist bis heute in den Köpfen aller Kubaner fest verankert. In Zeiten drastischeren Kalorienverbrauchs, etwa während der satten Jahre der Post-Revolution, fand das durchaus sichtbaren Niederschlag an Bauch und Po.

Kuba blieb eines der Bollwerke der Sklaverei. Erst 1886 schaffte man sie ab, als letzte Nation der Karibik.

Asiatische Einflüsse

Kubas Kultur, so typisch mittelamerikanisch sie heute auch anmutet, hat chinesische Facetten. Die ersten Zeichen chinesischer Präsenz auf der Insel finden sich im Juli 1847, der Blütezeit der spanischen Kolonialherrschaft: Mit der Fregatte Oquendo begannen die Spanier den Menschenhandel mit »Fracht« aus Asien, der wenig später mit großem Eifer von den Briten kopiert wurde.

Die 200 Menschen, die eher tot als lebendig von Bord geholt wurden, hatten den grauenvollen Transport von Manila überstanden. Weitere 200 waren während der Überfahrt gestorben und dem Meer überlassen worden. Man verkaufte die Asiaten für zehn Pesos pro Kopf an Landbesitzer und Zuckerbarone. Die wenigen Frauen und Männer, die an urbane Abnehmer gingen, wurden überwiegend in der expandierenden Tabakindustrie eingesetzt. Etwa 250.000 Asiaten gelangten bis 1883 nach Kuba; ab 1860 auch als freie Einwanderer.

Die Kultur des *Barrio chino*

Viele philippinische Männer der ersten Stunde hatten sich »freiwillig« eingeschifft, indem sie sich in einem Vertrag verpflichteten, ihre Passage acht Jahre lang abzuarbeiten. Ein scheinbar marginaler, im Zusammenleben mit den afrikanischen Sklaven aber gewichtiger Unterschied, denn er machte diejenigen, die die martialische Zeit auf den Plantagen überstanden, zu privilegierten »Freien«. Diese zogen dann oft in die Metropole Havanna, wo ein eigenes Wohnviertel, ein *Barrio chino*, entstand. Dort eröffneten sie Restaurants und Garküchen, kleine ethnische Theater und die berühmten chinesischen Wäschereien. Die asiatischen Neubewohner Kubas waren recht streitbar; viele von ihnen schlossen sich den *Mambises* an, der Partisanenarmee aus freigelassenen oder entlaufenen Sklaven, die gegen die spanischen *Conquistadores* kämpften.

Die Chinesen haben stark dazu beigetragen, bestimmte Gewürze und Kräuter auf der Insel zu kultivieren und sie allmählich in die Alltagsküche zu integrieren. Auf jeden Fall haben sie Konservierungsmethoden wie das saure Einlegen von Gemüse und Fisch auf Kuba etabliert. So gehen bestimmte Sorten Pökelfisch und andere mit Salz haltbar gemachte Meerestiere eindeutig auf sie zurück.

Durch ihren Status als Leibeigene auf Zeit standen sie auf der sozialen Leiter weit über den »Negersklaven«. Auch war ihre Vorbildung eine andere, so dass bestimmte kulturelle Aspekte wie die Kräuter- und Heilkunde sowie das Festhalten an Ernährungsvorlieben tradiert wurden. Dass die in Havanna angelandeten Chinesen die damals teuer gehandelten Gewürze jedoch selbst mit nach Kuba gebracht haben, ist hingegen fast auszuschließen. Zweifellos haben die Asiaten aber zur kubanischen Vorliebe für Reis beigetragen. Die noch heute gebräuchliche Methode des langsamen Dämpfens der Reiskörner ist in Asien seit Jahrtausenden verbreitet.

Anfang bis Mitte des 20. Jahrhunderts war Havanna übersät mit preiswerten kleinen China-Restaurants, die man *Fondas* nannte. Schon damals boten sie neben klassischen chinesischen Speisen »kubanisiertes« Essen an, um einen größeren Kundenkreis anzulocken. Es wird zwar behauptet, die Kubaner liebten Schweinefleisch, seitdem Kolum-

Essen in den *Fondas*

bus mit ein paar lebendigen Rüsseltieren an Bord
die Küste östlich von Havanna erreichte. Doch ge-
nauso könnte die chinesische Vorliebe für Säue
und Ferkel dazu beigetragen haben, dass Schwein
heute die bevorzugte Fleischsorte der Insulaner ist.

Ein unangefochten »echtes« Relikt der chinesischen Küche sind die beliebten *Camarones secos,*
getrocknete Shrimps, die mehr als Gewürz denn
als Zutat genutzt werden. Heute zeugen einige reiz-
volle Restaurants, ein »Chinesenmarkt«, vor allem
aber der wunderschöne chinesische Friedhof in
Havanna von der starken Präsenz der Chinesen seit
der Mitte des 19. Jahrhunderts. Ihre Nachfahren
sind heute mit den Afrikanern, den Spaniern, den
Haitianern, Franzosen, Deutschen und Russen zu
einer vielgestaltigen Nation verschmolzen.

Markttreiben auf der Plaza de la Catedrale, Alt-Havanna.

Chinesischer
Straßenverkäufer
in Kuba, 1928.
Seit über hundert
Jahren wird
die kubanische
Küche auch von
asiatischen Ein-
flüssen geprägt.

Am Guarapostand in Vedado gibt es eisgekühlten Zuckersaft.

Geflügelhändler am Taconmarkt von Havanna, 1928.

Viva la Revolución

Keine der zahlreichen Kulturen, die Kuba prägten, konnte lange genug dominieren, um richtungsweisend für die Kochkultur zu sein. Die sprichwörtliche »Eingemeindung« der Insel durch die USA in der ersten Hälfte des 20. Jahrhunderts trug erheblich zur Verwässerung traditioneller Essgewohnheiten bei.

Am Neujahrstag des Jahres 1959 wird der korrupte, US-gesponserte Diktator Batista durch einen Generalstreik und den Sieg der Rebellenarmee gestürzt, Fidel Castro wird Ministerpräsident. Folge des linksgerichteten Putsches ist ein hartes Wirtschaftsembargo der USA und der Schulterschluss Kubas mit den kommunistischen Staaten des Warschauer Pakts. Kuba ist regional und ideologisch isoliert – und wird dies über vierzig Jahre hinweg bleiben.

Einem großen Teil des Volkes geht es nach der Revolution besser. Eine Alphabetisierungskampagne, die Verstaatlichung von Nahrungsmittel produzierenden Betrieben und eine medizinische Versorgung schaffen Grundrechte und -versorgung. Im Armenhaus der Karibik entstehen menschenwürdige Verhältnisse. Der Versuch der Auslöschung möglichst aller US-amerikanischen Einflüsse auf das alltägliche Leben durch die Revolution hat jedoch nicht dazu beigetragen, die Küche des Landes zu revolutionieren. Mehr als vierzig Jahre Sozialismus sind der kubanischen Küche nicht sonderlich gut bekommen. Schwer ist bis heute nicht nur, wie man etwas zu essen organisiert, sondern auch das, was aufgetischt wird. Karibische Leichtigkeit, die sich kulinarisch ausdrückt, sucht man auf Kuba vergebens. Wenn sie einmal aufblitzt, dann bei den *Batidos, Refrescos* und *Cocteles,* den Getränken und Rum-Cocktails, die durchaus als Teil des täglichen Speisezettels gelten dürfen.

Lebensmittel waren in den letzten vierzig Jahren oft Mangelware, mal mehr, mal weniger. Dennoch

Realer Sozialismus im Kochtopf

18

ist dieser Mangel einigermaßen gerecht verteilt, was beileibe nicht alle Staaten Mittelamerikas von sich behaupten können. Hunger leidet auf Kuba niemand, für eine Grundversorgung bürgt der nach wie vor allmächtige Zentralstaat. Wer nicht allein von Reis und Bohnen leben mag, der muss sich Fleisch, Fisch, Obst und Gemüse auf *Agromercados* (gegen heimische Pesos) besorgen oder in *Supermercados* (gegen Dollars – sofern man welche besitzt).

Período especial – die Spezialperiode

Die Kubaner sind – auch ohne Dollars – erstaunlich erfindungsreich, wenn es darum geht, täglich drei gekochte Mahlzeiten auf den Tisch zu bekommen. Es wird getauscht, gehandelt, gefeilscht und geschachert, und am Ende ist die Tafel beladen mit mindestens drei verschiedenen Speisen – Reis und Bohnen nicht mitgerechnet. Zum Anstehen in der *Cola,* der Warteschlange vor den staatlichen Verkaufsstellen, schickt man, sofern verfügbar, die Kinder und Rentner der Familie, damit die anderen weiter ihrem Job nachgehen können.

Die Versorgungslage ist in den vergangenen Jahren nicht gerade besser geworden. Nach dem Systemruck in den ehemaligen Ostblockstaaten wurden auch die wichtigen Handelsverträge Kubas mit der damaligen UdSSR auf Eis gelegt. Castro rief daraufhin die *Período especial* aus, eine »Sonderperiode in Friedenszeiten«. Seither sind ein Großteil aller Nahrungs- und Genussmittel sowie Benzin und Gas rationiert.

Arroz y Frijoles dominieren den täglichen Speiseplan. Reis fehlt bei nahezu keinem Essen und wartet immer irgendwo fertig zubereitet in einem Topf darauf, gegessen zu werden. Ihn zuzubereiten ist eine Kunst, die heute durch den Einsatz spezieller Reiskochtöpfe stark vereinfacht wird. Kubanischer Reis ist die Grundlage und das Geheimnis vieler Rezepte. Er soll leicht und luftig daherkommen, nicht zu heiß und nicht zu kalt serviert werden und entfernt nach Nüssen duften.

Reis – Geheimnis vieler Rezepte

Früher musste der Reis in einem aufwändigen Prozess erst verlesen und dann gründlich gewaschen werden. Das Waschen hatte sehr schnell zu geschehen, schon ein Augenblick zu lang genügte, und der Reis schmeckte – für die in diesem Punkt empfindlichen Kubaner – »matschig«. War die Waschprozedur absolviert, wurde der Reis in einer aromatisierten Brühe langsam auf seine beliebte luftige, aber nicht zu bissfeste Konsistenz gedämpft. Die Zubereitung begann lange vor dem eigentlichen Essen. Bis dahin hielt man den Reis auf dem Feuer warm, so dass sich am Boden des Topfes eine dicke, harte Kruste bildete, die *Raspa*. Im Idealfall hat diese einen leicht nussigen Geschmack. *La raspa* wird von vielen als besondere Delikatesse geschätzt, obwohl sie bei Tisch nicht mit angeboten wird.

Heute wie damals wird ausschließlich Langkornreis verwendet, der, auch daran hat sich nichts geändert, noch gründlich verlesen werden muss, weil sich viele dunkle, bittere Körner in den Packungen finden, mitunter auch Teile von Mahlsteinen. Wer Bekanntschaft mit einem dieser tückischen Steinchen gemacht hat, versteht, warum das Handverlesen von Reis eine Arbeit ist, der man geradezu meditative Aufmerksamkeit schenkt – umso mehr, seit es beim Zahnarzt durch die *Período especial* kaum mehr Betäubungsmittel gibt.

Für Bohnen hat jeder Haushalt sein eigenes Rezept, auch wenn das für Außenstehende mitunter nicht so wirken mag. »Die armen Menschen haben nichts weiter als Reis und Bohnen zu essen!«, habe ich eine Touristin ausrufen hören. Das ist natürlich Unsinn, spiegelt aber präzise die Essvorlieben der Kubaner. Der/die Normalkubaner/in empfindet ein Leben ohne seine geliebten Reis und Bohnen schlicht als unvorstellbar. Bohnen zu kochen dauert lange – erschwerend kommt hinzu, dass Hülsenfrüchte umständlich eingeweicht werden müssen. In den Zeiten stundenlanger Strom- und Gassperren zu Beginn der *Período especial* wurden die *Frijoles*, die Bohnengerichte, in vielen Haushalten zum sprichwörtlichen Problemfall: Berufstätige Frauen (die große Mehrheit) blieben ihren Arbeitsplätzen fern, nur um die raren Momente ab-

Niemals ohne Bohnen

Immer dabei:
Warme *Frituras*

passen zu können, in denen sie kochen konnten. Eine moderne Form von De-Emanzipation, in der die Politik den weiblichen Teil der Bevölkerung einmal auf andere Weise zurück an den Herd zwang…

Zu den klassischen *Arroz y Frijoles* gesellen sich die *Frituras*. Kein Gemüse und kaum ein Obst ist davor sicher, in siedendem Öl zu enden. In kubanischen Haushalten geht nichts ohne Pflanzenöl. Mit ihm wird mit Leidenschaft frittiert, gebraten und – in Ermangelung teurer Butter – auch gebacken. Der Durchschnittsverbrauch eines Dreipersonenhaushalts liegt bei etwa einem Liter pro Woche. Öl zählt zwar zu den zuteilungspflichtigen Waren, aber auf *Libreta* gibt es meist nur einen Bruchteil des tatsächlichen Bedarfs. Speiseöl zählt daher zu den am häufigsten gegen harte Dollars gekauften Grundnahrungsmitteln.

Frituras, diese leckeren Kleinigkeiten aus dem Öl, eigentlich Nebengang, Beilage oder Snack, gehören zu den wichtigsten Bestandteilen eines gut gedeckten Tisches. Am häufigsten werden Süßkartoffeln, Kochbananen und Yucca frittiert, aber auch da sind die Vorlieben ganz unterschiedlich. *Frituras* müssen stets frisch und möglichst warm verzehrt werden, denn die hohe Luftfeuchtigkeit auf Kuba macht ihrer Knusprigkeit schnell den Garaus.

Das Thema Fett war schon einmal auf ganz andere Weise volkswirtschaftlich bedeutend: Vor der »Spezialperiode« seit Beginn der neunziger Jahre wurde mit Öl und fetten Fleischsorten noch sehr viel verschwenderischer umgegangen. Weder der Linie noch dem Herz-Kreislauf-System war das sonderlich zuträglich. Die Kosten für die Therapie von Herz-Kreislauf-Krankheiten drohten nahezu westeuropäische oder US-Ausmaße anzunehmen. Inzwischen sind die Körperformen deutlich schlanker und die Statistik der Koronarkrankheiten zeigt eine erfreuliche Abwärtsbewegung. Nicht alle Auswirkungen des US-Embargos und der Rezession sind negativ.

Die Mahlzeiten

Für das Frühstück verwendet man nicht viel Zeit, oft wird es im Stehen oder Laufen absolviert. Wer kann, trinkt zu Hause einen starken schwarzen Kaffee mit heißer Milch. Selbst Kinder bekommen bereits verdünnten Milchkaffee. Echter kubanischer Kaffee ist köstlich und mild, ohne dabei Aroma vermissen zu lassen. Cubanita, die Handelsmarke, die es in den Dollar-Shops zu kaufen gibt, ist aber teurer als handelsüblicher Espresso in deutschen Supermärkten und damit für die Kubaner fast unerschwinglich. Oft wird der geliebte Kaffee also durch *Chicharro* ersetzt, eine Mischung aus grünen Bohnen und Zweite-Wahl-Kaffee, vergleichbar dem Nachkriegs-Muckefuck der fünfziger und sechziger Jahre in Deutschland.

Auch Milch ist so gut wie nie als Frischprodukt zu haben. Kuba verfügt zwar über viele Rinder, doch Milchvieh will in diesem Klima nicht recht gedeihen. Diverse Kreuzungsversuche mit Holsteinern und anderen ausländischen Sorten schlugen immer wieder fehl. In der Regel gibt es Vollfett-Milchpulver, und das auch nur bisweilen auf *Libreta*. Kindern bis sieben Jahren steht allerdings pro Tag ein halber Liter zu.

Das Aussetzen der Milchpulverlieferungen an Kuba ist daher oft als politisches Druckmittel benutzt worden. Das US-Handelsembargo sanktionierte auch andere Nationen, die mit Kuba Handel treiben wollen. Wer Milch lieferte, musste mit einem Importstopp seiner Produkte durch die USA rechnen. Im Gegensatz zu anderen Gütern wurden die Sanktionen beim Grundnahrungsmittel Milchpulver erstaunlich oft angewandt – und trafen die kubanische Bevölkerung wie erwünscht ins Mark.

Zu Ersatzkaffee und Milchpulver isst man etwas Brot oder ein süßlich schmeckendes *Bocadillo* (Brötchen) vom Vortag, das es meist auch auf Bezugskarte gibt. Wer zwischendurch Hunger bekommt, muss entweder bis zum Mittagessen war-

Desayuno

Chicharro –
kubanischer Muckefuck

Milchpulver als Druckmittel

ten oder sich mit einer Hand voll Erdnüsse oder einer Banane begnügen. Beides gibt es häufig auf der Straße gegen Pesos zu kaufen. Alle anderen Snacks sind seit Anfang der neunziger Jahre purer Luxus: ob das Eis auf die Hand oder die Mini-Pizza, der *Perro caliente* (Hot Dog) oder das *Bocadillo* (Sandwich) im *Rapido* genannten Schnellimbiss. Entweder man reiht sich geduldig in lange Warteschlangen ein – und bekommt am Ende oft doch nichts mehr – oder zückt harte Dollars, über die jedoch nur die wenigsten verfügen.

Almuerzo

Die meisten berufstätigen Kubaner, ob in der Stadt oder auf dem Land, können in einer Art Betriebskantine zu Mittag essen. Dort dominieren Reis und Bohnen, *Tamal en Cazuela* (Maisbrei), Yucca und Maniok mit verschiedenen Saucen, Suppen aus Gemüsen oder Soja als Fleischersatz. Zu Hause gibt es gegebenenfalls ein Stück Fleisch oder Fisch, meistens bleibt es unter der Woche aber bei vegetarischen Mahlzeiten. Fleisch und Fisch sind teuer und rar und werden für Feiertage aufgespart. Wenn mal ein Huhn auf *Libreta* erhältlich ist, landet es daher meist sofort im Gefrierfach.

Zu den Mahlzeiten trinkt man nahezu immer eisgekühltes Wasser, das zuvor in großen Mengen abgekocht wurde und ständig im Kühlschrank griffbereit steht.

Comida

Auch zu Abend wird warm gegessen. Weil es oft die einzige Mahlzeit ist, die von der ganzen Familie gemeinsam eingenommen wird, ist es auch die opulenteste. Zu Beginn isst man geschälte, mundgerechte Obststücke, *Coctel de Frutas* genannt – ein sinnvoller Weg, ein Essen zu beginnen. Erstens trägt er mit wenig Kalorien, aber viel Vitaminen zu einer schnelleren Sättigung bei. Zweitens helfen die vor allem in Papayas und Mangos enthaltenen Säuren und Enzyme bei der besseren Verdauung der später genossenen fetten Speisen. Zur Nachahmung dringend empfohlen!

Dann folgen Reis, Bohnen und Salat – auch hier wieder keine allzu große Abweichung vom Standard. Erst bei den Nachspeisen wird man etwas erfindungsreicher: gekochte, mit Zucker eingemachte Früchte, Milchreis oder Reispudding mit Kokos und Zimt, sehr süße Konfitüren mit Käse. Gebrannter *Flan* aus Eiern gehört, wie in Spanien, zu den Lieblingsdesserts. Zu guter Letzt trinkt man einen starken *Cortado*, einen Espresso aus echtem oder Ersatzkaffee, der zusammen mit dem Zucker aufgekocht wird.

Reina Caña
Königin Zucker

Der Königin ergeht es wie fast allen Monarchen dieser Welt: Ihre Zeit neigt sich dem Ende entgegen. Anfang der neunziger Jahre des letzten Jahrhunderts machte Zucker noch rund 80 Prozent des kubanischen Exportvolumens aus, seither ist die Tendenz fallend.

Zucker hat das Schicksal Kubas bestimmt, seitdem Kolumbus auf seiner zweiten Reise die Pflanze mit auf die Insel brachte. Vor allem die rote, äußerst fruchtbare Erde der heutigen Provinz Matanzas erwies sich sehr bald als hervorragend geeignet für die Kultivierung der faserigen Stangen. Binnen kürzester Zeit pflanzte man Zuckerrohr jedoch fast überall auf der Insel. Viele der vormals florierenden Rinderfarmen – Kuba war ein Großexporteur von Leder – wurden dem braun-weißen Gold ebenso geopfert wie die ausgedehnten Wälder mit Edelhölzern. Spätestens nach dem Zusammenbruch der Zuckerindustrie auf der Nachbarinsel Haiti durch einen Sklavenaufstand im Jahr 1793 konnte Kuba seine Vormachtstellung uneinholbar ausbauen.

Die Arbeit auf den Feldern war und ist unglaublich hart. Die Bedingungen, unter denen die Sklaven knechten mussten, waren schlimmer als alles, was man Tieren antat. Zu Dutzenden lebten sie zunächst in so genannten *Bohíos*, hölzernen

Das Los der Plantagensklaven

Unterkünften, um die herum man ihnen den Anbau von Gemüse und Obst für den Eigenbedarf gestattete. Bald wuchsen sich die Unterkünfte der Schwarzen zu kleinen Städten aus und wurden immer schlechter kontrollierbar. Also ersannen die weißen Herren eine andere Form der Unterbringung, die *Barracones*, massive, aus Lehmziegeln gebaute Blöcke, Dutzende davon nebeneinander. Riesigen Zuchthäusern gleich standen sie in unmittelbarer Nähe der Felder, mit vergitterten Fenstern, die nur auf einen winzigen Innenhof hinausblickten.

Die männlichen Sklaven wurden bald von den weiblichen getrennt. Je mehr die Nachfrage nach Zucker wuchs, desto schlimmer die Ausbeutung: Bis zu zwanzig Stunden Arbeit am Tag waren Anfang des 19. Jahrhunderts keine Ausnahme. Wer zusammenzubrechen drohte, dem halfen Lederpeitsche und Fußtritte wieder auf. Bis zu 20 Prozent der Sklaven einer Plantage starben jährlich an den Folgen von Misshandlungen, kollektiven Selbstmorden oder wurden Opfer blutig unterworfener Aufstände. Sie mussten durch immer neue »Lieferungen« ersetzt werden.

Chinesen für die Zuckerfabriken

Die industrielle Revolution hielt schnell Einzug in die Zuckerrohrproduktion: Bereits 1820 benutzte man Dampfmaschinen, 1837 eine eigene Eisenbahnlinie, um Produktion und Abtransport zum Seehafen Matanzas zu beschleunigen. Ironischerweise stieg aber durch die Teil-Mechanisierung in den Fabriken der Bedarf an Arbeitskräften anstatt zu sinken. So verfiel man darauf, Chinesen aus der Mongolei und Indianer aus Yucatán mit denkbar schlechten Arbeitsverträgen ins Land und auf die Plantagen zu locken.

Als Kuba 1886 endlich die Sklaverei abschaffte, verbesserten sich die Arbeits- und Lebensumstände für die Arbeiter nur partiell. Zwar bekamen sie nun einen (Hunger-)Lohn für ihre Schwerstarbeit, aber lediglich für die Zeiten der *Zafra*, der Ernteperioden. Der Erste Weltkrieg trieb die kubanische Zuckerindustrie zu nie erlebten Rekordproduktionen. In Europa war durch den Krieg die Ge-

winnung von Zucker aus Rüben drastisch zurück-
gegangen, entsprechend wuchs die Nachfrage.

Dem Zuckerboom der zwanziger Jahre des letzten Jahrhunderts verdankt Kuba den »Tanz der
Millionen«. Kasinos, Hotels, Nachtclubs und Bor-
delle überzogen im Handumdrehen die großen
Städte und machten Havanna zu einer der mon-
dänsten und dekadentesten Städte der Welt. Spätestens zu dieser Zeit war Kuba faktisch eine US-Ko-
lonie, gemessen am Anteil des Grundbesitzes, der
sich in US-amerikanischer Hand befand, und der
nahezu lückenlosen Kontrolle der Schlüsselindus-
trie durch den nordamerikanischen Nachbarn.
Eine ungleichere Gesellschaft als die kubanische in
jener Zeit ist schwer vorstellbar: Korruption und
Vetternwirtschaft blühten, Zuckerfürsten und Mit-
telschicht schwelgten im Luxus, während der Rest
der Bevölkerung in bitterer Armut lebte. Die *Zafras*
bestimmten nach wie vor das Wohl und Wehe der
Landarbeiter, man lebte von einer Ernte zur nächsten. An die Ausbildung der Kinder, medizinische
Versorgung und dergleichen wurde bis zur Revolution 1959 kaum ein Gedanke verschwendet. So
ist es kein Wunder, dass Kuba noch in den frühen
sechziger Jahren über 60 Prozent Analphabeten
aufwies – heute liegt die Quote bei null.

Dieses Missverhältnis war der Schlüssel für den
bislang nachhaltigsten Erfolg der kubanischen Revolution, die am 26. Juli 1953 mit dem Sturm auf
die Moncada-Kaserne in Santiago de Cuba einge-
leitet wurde und bis heute die gesellschaftliche
Realität in Kuba bestimmt.

Die Revolution sorgt sich um ihre Kinder. Heute
geht der Pflanzvorgang beinahe vollends mecha-
nisch vonstatten. *Macheteros* sind hochverdiente
Arbeiter, deren Zahl sich von über einer Million im
18. Jahrhundert auf etwa 60.000 im Jahre 1995 reduziert hat. Dennoch ist Kuba weiterhin Sklave seiner über die Jahrhunderte hoch monopolisierten
Industrie. Zu dieser Erkenntnis mussten auch die
Revolutionäre um Fidel Castro und Che Guevara
kommen. Ursprünglich hatten sie davon geträumt,

»Tanz der Millionen« im
Zuckerboom

Sin azucar no hay país –
Ohne Zucker kein Land

das blutverklebte Erbe der Zuckerrohrfelder nach und nach durch andere Agrar- und Wirtschaftszweige zu ersetzen. Aber bald war klar, dass man auf die notwendigen Devisen, die der Export von Zucker ins Land brachte, nicht so schnell würde verzichten können. Also drehte man den Spieß der Argumentation um: Immer mehr Zucker braucht das Land (und die Welt), so lauteten nun die Parolen: Helft alle mit, damit wir die größten Produzenten aller Zeiten werden! Alljährlich zur Erntezeit berichten die heimischen Medien von den heroischen Anstrengungen der Arbeiter auf den Plantagen und den immer höher gesteckten Produktionszielen.

Die Bevölkerung sieht's und schweigt – oder lächelt. Unvergessen sind die Zeiten, in denen Tausende Schreibtischtäter aus den Städten zu Ernteeinsätzen auf die Plantagen gekarrt wurden. Der Aufwand stand meist in keinem rechten Verhältnis zu den Leistungen der nicht an harte, körperliche Arbeit gewohnten Helfer.

Schneiden, putzen, pressen

Sofort nach der *Zafra*, dem schweißtreibenden Schneiden und Putzen der Zuckerrohrstangen mit der Machete, setzt die Fermentation des Zuckerrohrsaftes ein. Bei der Weiterverarbeitung ist höchste Eile geboten. Die geschnittenen *Canjas*, die bis zu sechs Meter lang werden können, werden durch schwere Walzwerke geschickt, die ihnen den köstlichen *Guarapo* abtrotzen, der übrigens frisch gepresst überall in Kuba als köstliches Erfrischungsgetränk angeboten wird. In einem komplizierten Erhitzungsprozess wird daraus die *Melaza*, aus der schließlich mittels Verdampfung Zuckerkristalle entstehen.

15 Prozent der gesamten Produktion von Melasse geht in die Herstellung von Rum, einem Exportartikel, der sich anschickt dem Zucker den Rang abzulaufen.

Ron de Cuba
Kubanischer Rum

»Abfallprodukt des Zuckers« wird er genannt. Als Piratenfusel und pure Backzutat wird er geschmäht, doch rufen derlei Verunglimpfungen bei echten Rum-Kennern weniger Zorn als mildes Kopfschütteln hervor, spricht doch aus ihnen nur die Ignoranz der Nicht-Eingeweihten.

Dass auf Kuba Rum produziert wird und er zu den besten der Welt zählt, dürfte bekannt sein. Anders als bei guten Zigarren ist jedoch die Zahl der Rum-*Aficionados* in der westlichen Hemisphäre eher klein zu nennen. Wer verlangt schon nach einem guten Essen im Restaurant einen Rum? Dabei muss sich ein gut gelagerter Añejo in keiner Weise hinter einem alten Cognac verstecken. Anders als französischer Weinbrand, der als Inbegriff des guten Tons in gesetzten Kreisen und zu gepflegten Anlässen getrunken wird, ist kubanischer Rum eine Sinnesexplosion, die jedem Anlass gerecht wird.

Das liegt vor allem an den Ingredienzien, aus denen Rum hergestellt wird. Man kann Rum aus *Guarapo* oder aus Melassesirup destillieren, mit dieser oder jener Hefeart versetzen, mit Karamell, Nelken oder Zimt aromatisieren, jahrzehntelang in Holzfässern lagern oder nur für kurze Zeit in Metalltanks. Die Alkoholdichte liegt zwischen 37,5 und 40 Prozent, niemals darüber. Jede Brennerei hat ihr sorgsam gehütetes, traditionelles Rezept. Es scheint, als hielten die Kubaner neben den besten Rohstoffen auch die besten Rum-Rezepte in Händen.

Um sich *Ron de Cuba* nennen zu dürfen, muss die Insel auch Ursprungsland des Rums sein. Was sich selbstverständlich anhört, hat zu jahrzehntelangen juristischen Auseinandersetzungen geführt. So durfte der berühmte Bacardí – lange Zeit Synonym für kubanischen Rum – nach der Revolution nicht mehr mit dem Attribut »kubanisch« für sich werben. Heute ist Havana Club *die* kubanische

Sinnesexplosion
aus der Rumflasche

Rum-Marke schlechthin und ebenso weltberühmt – sehr zum Leidwesen der exilierten Familie Bacardí, die neben der Bezeichnung »kubanisch« auch gerne ihre Anlagen und Immobilien zurückhätte. Havana Club wird in Santa Cruz del Norte hergestellt, einem kleinen Ort nahe der Hauptstadt Havanna.

Je älter, desto besser

Für den sinnenfreudigen Laien sind indes nur die Alters-Klassifizierungen wichtig:

Ein dreijähriger weißer Rum mit seinem trockenen Geschmack und einem leichtem Vanilleton ist zum Mixen von Cocktails gedacht und nicht zum Pur-Genuss. Nach dem Brennen lagert er in Edelstahltanks, wo er etwas an Aroma, nicht aber an Farbe gewinnt.

Ein fünfjähriger brauner Rum kann beides sein, aber auch zum Digestif werden. Auch er darf sich bereits Añejo nennen, was wörtlich übersetzt »gealtert« bedeutet. Wichtig sind die Jahresangaben dahinter. Dieser auch als Medium bezeichnete mittelalte Rum von goldener bis hellbrauner Färbung wird in alten, immer wieder verwendeten Eichenfässern gelagert. Bevorzugt eingesetzt werden solche Fässer, die früher einmal Bourbon-Whisky beherbergt haben. Die unverwechselbare Farbe des Medium stammt von den Pigmenten des Eichenholzes. Sie nimmt an Intensität zu, je länger Rum darin lagert.

Danach wird es erhaben: Ein Añejo von sieben und mehr Jahren ist eine Köstlichkeit, die mit Andacht vorzugsweise nach dem Essen oder zu einer guten Havanna genossen sein will. Der Duft eines Añejo, der im Schwenker serviert wird, ist betörender und facettenreicher als der eines jeden großen Cognacs. Er schmeckt nach Honig und Gewürzen, nach getrockneten Früchten und tief stehender Sonne. Und er versöhnt mit der Welt nördlich des Äquators.

Wörtlich übersetzt heißt er Hahnenschwanz. Europäer und Nordamerikaner bezeichnen damit ein mehr oder weniger alkoholisches Mixgetränk, das gerne auch als Aperitif getrunken wird. Was das mit Federvieh zu tun hat, weiß heute hierzulande niemand mehr, ist aber auch gleichgültig. Nicht so auf Kuba. Denn wer hier einen *Coctele* bestellt und sich dabei auf einen eisigen *Daiquirí* oder einen fruchtigen *Mojito* freut, stößt nicht selten auf Unverständnis – oder bekommt gekochten Fisch auf Mayonnaise serviert. Fragt er nach einem *Aperitivo*, widerfährt ihm vermutlich Ähnliches.

Den Begriff Cocktail, so global er uns erscheinen mag, gebraucht im Mutterland des besten Rums und der schönsten Cocktails dieser Welt kaum jemand. Und das, obwohl sein Geburtsort nicht Europa, sondern Südamerika zu sein scheint. Angeblich stammt das Wort von britischen Seeleuten, die sich in Mexiko die Zeit des Landgangs mit dem Zusammenrühren verschiedener Alkoholika vertrieben. Damit die Mixtur durch das Umrühren keinen Metallgeschmack annahm, benutzten die Männer dafür unter anderem die Wurzeln einer Pflanze, die von den Mexikanern *Cola de Gallo* (Hahnenschwanz) genannt wird.

Natürlich weiß man in den Bars von Havanna oder Trinidad, was Besucher wollen, die einen Cocktail bestellen. Doch im umgangssprachlichen Gebrauch sind kubanische *Cocteles* keine Getränke, sondern entweder gemischte Früchte, geschält und in mundgerechte Stücke zerteilt, oder ein Potpourri aus *Langustinos* oder Weißfischen, die – meist ungewürzt – auf einem müden Salatblatt nebst Cocktailsauce serviert werden. All das wird als Vorspeise gereicht und nennt sich dann auch *Aperitivo*, was die Verwirrung komplettiert.

Wo auf der Insel Touristen bewirtet werden, finden sich immer auch solche angelsächsischen Zitate einer vermeintlich gehobenen Küche. Bis auf die Obstvarianten schmecken leider die meisten dieser *Cocteles* wahlweise nach nichts, nach Mayonnaise oder einem Hauch von Desinfektionsmittel.

Cocktail und *Aperitivo*

Wer nicht gerade einer privaten Einladung folgt, bei der sich die Gastgeber besonders kosmopolitisch geben wollen, der sollte *Aperitivos/Cocteles/*Vorspeisen besser weglassen: Die *Langustinos* schmecken gebraten mit reichlich Knoblauch sowieso viel besser.

Typische Zutaten

Gemüse, Getreide und Hülsenfrüchte

Bohnen / *Frijoles*

Schwarze Bohnen sind das Leibgericht der Kubaner. Als potente vegetarische Proteinquelle, vor allem aber wegen ihres Geschmacks werden die *Frijoles negros* geschätzt. In einem sämigen Sud schwimmend werden sie auch als Einzelgericht zu Reis gegessen. Andere Sorten finden sich zwar ebenfalls auf dem Speiseplan, doch den schwarzen Bohnen gebührt unangefochten der erste Platz.

Oft werden sie mit ihrem Sud püriert, als Aufstrich für geröstete Brotscheiben gegessen oder mit Gemüsen und Gewürzen zu einer Suppe verarbeitet. Jeder Haushalt hat sein eigenes Rezept. Falls also mancher Kuba-Reisende keine rechte Begeisterung für die Restaurant-Variante von schwarzen Bohnen aufbringen konnte, sollte er ruhig einen zweiten und dritten Versuch wagen, am besten in einem Privathaushalt.

Mais / *Maíz*

Gemüsemais spielt zwar eine Rolle auf dem alltäglichen Speisezettel, ist aber bei weitem nicht so verbreitet wie in anderen Ländern Mittel- und Südamerikas wie etwa Mexiko, wo Maismehl die Grundlage für nahezu jede Mahlzeit bildet.

Die Verwendung von Mais ist eine kleine Wissenschaft für sich, da das Gelingen der unterschiedlichen Rezepte wesentlich mit dem Reifegrad der geernteten Kolben verknüpft ist. Auf Kuba wird Mais traditionell zweimal im Jahr geerntet: von Juli bis September und von Dezember bis Februar. Da die meisten Feiertage des Landes in diese Monate fallen, hat sich Mais zu einem festen Bestandteil von Festtagsessen entwickelt.

Maniok / *Malanga*

Maniok, eine Knolle, die auf Kuba sehr geschätzt wird, hat eine unscheinbare braune Schale und ein keulenartiges Äußeres. Nichts lässt auf den ersten Blick vermuten, dass sich hinter so viel Understatement ein so vornehmes wie ungewöhnliches Aroma verbirgt. Man unterscheidet *Malanga blanca* (auch *Guaguí* genannt) und *Malanga amarilla*, weißen und gelben Maniok. Seltener verwendet wird die so genannte Insel-Malanga, die aus Asien stammt.

Gelber Maniok hat ein intensiveres Aroma und muss bald nach dem Kochen verzehrt werden, da er sonst steinhart und ungenießbar wird. Vielleicht wird er aus diesem Grund weniger eingesetzt als seine weiße Schwester, die die familieninterne Hitliste anführt.

Weißer Maniok, meist etwas größer als eine Durchschnittskartoffel, besticht durch einen zarten, leicht nussigen Geschmack. Er wird gerieben, wie ein Reibekuchen gebraten, frittiert oder als Püree zubereitet, was besonders Kinder zu schätzen wissen. *Malangas*, deren Ursprünge in Afrika liegen, sind inzwischen auch in Westeuropa erhältlich. Falls einmal keine zu bekommen sind, kann ihr eigenwilliger Geschmack mit Kartoffeln und etwas geriebener Walnuss imitiert werden. Das gilt natürlich nur für Rezepte, in denen die Knolle zunächst zerkleinert und dann verarbeitet wird.

Egal welche Sorte, *Malangas* sind relativ teuer. Daher ist ihr Einsatz meist Kleinkindern und besonderen Gelegenheiten vorbehalten.

Ñame ist der untere Wurzelteil einer Maniokpflanze, der erst nach der Revolution Einzug in die Kochtöpfe gehalten hat. *Ñame* – der Begriff ist afrikanischen Ursprungs – wird ebenso geliebt und zubereitet wie *Malanga*.

Okra / *Quimbombó*

Die *Quimbombó*, wie die Kubaner die Okraschote nennen, stammt mutmaßlich aus Afrika und fand erst zur Zeit der Sklaverei ihren Weg in die Karibik. Die spitzen Kapseln von mattgrüner Farbe sind etwa fingerlang und haben eine Menge kleiner weißer Kerne, die mitgegessen werden. Ihr bohnenähnlicher Geschmack ist eigentlich nicht aufregend, in Salaten, besonders zu Tomaten, aber eine gelungene Ergänzung.

Okra ist ein Gemüse, an dem sich die Geister scheiden: Entweder man liebt oder man hasst es. Das liegt vermutlich daran, dass die Schoten eine Art Gelee absondern, sobald man die Stielansätze abschneidet. Dieser Schleim aber ist gleichzeitig ein exzellenter Binder für Saucen. Daher werden Okras auch gerne in Currys und Stews verwendet. Werden sie gebraten oder frittiert, legt sich die gaumenunfreundliche Begleiterscheinung von selbst. Will man die Schoten als Salat verwenden, sollten sie zuvor etwa drei Minuten in Essigwasser blanchiert werden.

Paprika / *Ají cachucha*

Sie ist bedeutend kleiner und von runderer, gedrungener Gestalt als eine Gemüsepaprika. Ihr eigener, leicht süßer und etwas pfeffriger Geschmack ist ausgesprochen aromatisch. *Ají cachucha* ist unverzichtbar für viele *Sofritos* und Würzsaucen; auch in Eintöpfen und Suppen kommt sie reichlich zum Einsatz. Da sie hierzulande kein Gemüsehändler im Angebot haben wird, empfehlen sich als Ersatz rote oder gelbe Paprika sowie zusätzlich ein kleines Stück einer Peperonischote.

Reis / *Arroz*

Kuba kennt nur zwei Gerichte, soll einmal jemand geseufzt haben: Reis mit Bohnen und Bohnen mit Reis. Dass dies nicht zutrifft, weiß man spätestens, wenn man dieses Buch zur Hand nimmt. Allerdings fehlt weißer Reis tatsächlich bei so gut wie keiner Mahlzeit, denn es gibt ihn nahezu immer – auch auf *Libreta*, dem Lebensmittelheftchen.

Soja

Soja genießt auf Kuba keinen guten Ruf, weil es staatlicherseits gern als Fleisch- und Milchersatz über die *Libreta* verkauft und vielen anderen Produkten als Streckmittel zugesetzt wird. Trotz umfassender Propaganda hat sich bei den Fleisch und Fett liebenden Kubanern noch nicht herumgesprochen, dass die Sojabohne das eiweißreichste pflanzliche Lebensmittel überhaupt ist, mit einer Fülle an ungesättigten Fettsäuren, jeder Menge B-Vitamine, Calcium und Eisen.

Wie andere Hülsenfrüchte enthält Soja aber auch unerwünschte Stoffe, die belastend auf das Verdauungssystem wirken können. Diese Stoffe sind jedoch nicht hitzeresistent, weshalb man Sojabohnen nie roh essen sollte. Auch selbst gezogene Sprossen müssen kurz vor dem Verzehr mit heißem Wasser übergossen werden.

Süßkartoffel / *Boniato*

Die Süßkartoffel ist eines der Grundnahrungsmittel auf Kuba. Bei uns ist sie, hauptsächlich im Winter, auch unter dem Namen Batate im Handel. Sie ist eine weißfleischige, stärkereiche Knolle, die der Kartoffel ähnlich sieht, aber eine rote oder gelbe Schale hat und etwas würziger schmeckt. Der Legende nach brachte Kolumbus seiner Königin Isabella keine einfachen Kartoffeln mit nach Spanien, sondern *Boniatos*. Das erklärt allerdings nicht, wie die Kartoffel nach Europa gelangt ist. Wie auch immer, *Boniatos* können, ebenso wie Kartoffeln, vor oder nach dem Garen geschält werden und haben im Ganzen gekocht eine Garzeit von 30 bis 40 Minuten. Sie werden hauptsächlich als Beilage serviert, gerne auch frittiert, und natürlich, um Sauce besser »gabeln« zu können.

Yucca / *Yuca*

Nein, keine Zimmerpflanze: Die Yucca ist vielleicht besser bekannt unter dem Namen Maniok oder Kassave. Die stärkehaltigen Knollen sind länglich und karottenförmig, jedoch etwas größer als Möhren. Sie haben eine feste, rindenartige Schale und einen faserigen Mittelstrang. In gekochtem Zustand hat die Yucca ein weißes, manchmal leicht gräuliches Fleisch und schmeckt einen Hauch süßlich. In Kombination mit Knoblauch ist sie unschlagbar! Sind keine Yucca zu bekommen, können sie durch normale Kartoffeln ersetzt werden.

Banane / *Plátano*

Mit Bananen lässt sich mehr anstellen, als der Mitteleuropäer ahnt. Das liegt unter anderem daran, dass es eine Vielzahl von Sorten gibt, die wir auf heimischen Märkten nie zu sehen bekommen. Außerdem zählen Bananen zu den wenigen Früchten, die man auf Kuba für wenige Pesos *en la Calle*, auf der Straße, kaufen kann.

Neben den üblichen Fruchtbananen, die jedoch nie eine Größe annehmen wie jene speziell für den Export gezüchteten, gibt es die kleinen Apfelbananen, deren wunderbare Süße von einer eleganten Fruchtsäure unterstrichen wird. Sie hält sich auch, wenn die Banane schon sehr reif ist. Apfelbananen isst man »roh«, als Dessert oder zwischendurch, mixt Batidos oder backt Kuchen aus ihnen.

Kochbananen werden in der Regel in der Schale gegart, später püriert und mit allerlei Gewürzen und reichlich Knoblauch aufgewertet. Ohne Gewürze schmecken sie ausgesprochen fade. Rohe Früchte schneidet man in dünne Scheiben, backt sie in heißem Öl und serviert sie mit Salz bestreut als Snack.

Auch als Heilmittel finden Bananen ihre Anwendung. Das kochsalzärmste Obst überhaupt gilt als gutes Nahrungsmittel zur Rekonvaleszenz und im Rahmen einer salzreduzierten Diät. Reife Bananen werden auf Kuba als leichtes Abführmittel verabreicht, unreife, grüne hingegen gelten als Mittel gegen Durchfall. Man wäscht die Frucht, setzt sie mit Wasser und einer Prise Salz aufs Feuer und lässt sie so lange kochen, bis das Wasser eine bräunliche Farbe annimmt. Danach wird die Banane geschält, das Fruchtfleisch mit etwas Kochwasser vermischt und gegessen. Das restliche Kochwasser wird getrunken und soll eine unterstützende Wirkung haben.

Bitterorangen / *Naranja agria*

Bitterorangen sind bei uns unter dem Namen Pomeranzen bekannt, aber immer seltener erhältlich. Sie bilden die Grundlage für viele Marinaden, *Sofritos* und Saucen. Angeblich stammen sie ursprünglich aus Spanien und werden deshalb auch Sevilla-Orangen genannt. Ihre Fruchtsäure beizt Fleisch und Fisch und ist geschmacklich einzigartig. Als Ersatz kann eine Mischung aus je einem Teil Limetten- und/oder Zitronensaft und einem Teil Orangensaft verwendet werden.

Guave / *Guayaba*

Die birnenförmigen Früchte mit grüngelber Haut gehören zu den vitaminreichsten (C) Früchten überhaupt. Ihr Fruchtfleisch ist weiß bis gelblich und enthält, eingebettet in eine gallertartige Masse, sehr viele Kerne, die man ohne weiteres essen kann. Ihr Geschmack erinnert an Feige und Birne, mit einem leicht säuerlichen Unterton. Guaven werden auf Kuba zu vielfältigen Süßspeisen verarbeitet. Eine der bekanntesten ist *Casquitos de Guayaba* (Guavenhütchen), die für besondere Anlässe bestimmt ist. In den Supermärkten des Landes immer erhältlich ist die äußerst beliebte *Mermelada*, die für den europäischen Gaumen weniger durch den Geschmack als durch ihren abenteuerlichen Zuckergehalt besticht. Guaven duften sehr angenehm. So manche Hausfrau lässt sie allein deswegen etwas länger in der Küche liegen.

Limone / *Limon*

Limonen sind von elementarer Bedeutung für die kubanische Küche und ihre Getränke. Wann immer möglich sollten die kleinen grünen Früchte mit ihrem intensiven Zitrusaroma verwendet werden. Zitronen sind kein guter Ersatz, sie liefern nur Säure, aber nicht das gewisse Etwas der Limone. Wer einen *Mojito* mit Zitrone statt Limone herstellen will, kann es ebenso gut auch sein lassen …

Mamey

Die *Mamey* ist eine avocadoförmige Frucht mit einem ähnlich großen Kern. Mit ihrer unauffälligen narbigen Außenhaut von bräunlicher Farbe ist sie eher etwas für Kenner. Ihr leuchtend rotes Fruchtfleisch ist butterweich, geradezu perfekt zum Pürieren geeignet. Deshalb wird sie nicht nur roh verzehrt, sondern auch gerne für *Batidos* verwendet.

Mameys findet man selten auf dem europäischen Markt, wohl weil sie die lange Reise übel nehmen. Wer sie trotzdem irgendwo erspäht, sollte unbedingt zugreifen – sofern die Frucht nicht sehr weich und fleckig ist.

Mango

Es gibt sicher ein halbes Dutzend unterschiedlicher Mangosorten, die äußerlich nicht unbedingt etwas miteinander gemein haben. Die meisten sind länglich-oval, in Farbschattierungen von Gelb über Grün bis Dunkelrot. Ihr süßes, sehr aromatisches Fleisch hat geschmacklich keine Verwandtschaft mit irgendeiner anderen Frucht. Es umhüllt einen flachen, langen Kern und ist meist sonnengelb. Das Fruchtfleisch einer reifen Mango gibt unter sanftem Fingerdruck leicht nach, etwa wie eine Avocado. Alle anderen Früchte sollte man lieber liegen lassen.

Viele Kubaner schätzen die kleine, nur etwa pflaumengroße *Manga blanca* am meisten. Ihr weißes Fleisch schmeckt besonders elegant und wird am liebsten direkt vom Kern genagt.

Leider müssen viele Allergiker einen großen Bogen um Mangos machen, sie reagieren bereits bei Hautkontakt mit Ausschlag und brennnesselähnlichen Verätzungen. Merkwürdigerweise können manche Allergiker eine Mango aber durchaus essen: Auf die Schleimhäute wirkt der Saft offenbar weniger irritierend. Die Ursachen für dieses Phänomen sind nicht geklärt. Grundsätzlich strotzen Mangos vor dem seltenen Vitamin A.

Passionsfrucht / *Maracuyá*

Von dieser Kletterpflanze existieren mehrere Hundert verschiedene Unterarten. Die *Maracuja* ist nur eine davon, aber eine der schmackhaftesten, hierzulande hinlänglich bekannt durch Fruchtsäfte und als Aromastoff. Um ihre heilende Wirkung wusste man bereits in ihrem Ursprungskontinent Afrika. Die Sklaven auf Kuba haben diese Kenntnisse bewahrt und an nachfolgende Generationen weitergegeben. In der *Maracuja* verbirgt sich in der Tat eine kleine Apotheke: Schon die Blüten, als Tee aufgekocht, sollen beruhigend und angstlösend, schlaffördernd und entkrampfend sein; sogar eine leicht hypnotische Wirkung wird ihnen nachgesagt. Der Saft hilft gegen Hautwunden und Entzündungen, Verbrennungen und Juckreiz.

Aphrodisierend hingegen soll die Passionsfrucht nicht wirken. Der feurige Name ist denn auch weniger ungezügelter Leidenschaft zuzuschreiben, vielmehr hat die ledrige und schrumplige Außenhaut spanische Missionare an das Leiden Christi erinnert. Wen all das nicht vom Verzehr abhält: Maracujas schmecken ausgezeichnet in Milchshakes oder Süßspeisen jeglicher Art.

Sternanone oder Cherimoya / *Chirimoya*

Wie Erdbeeren mit Sahne – besser lässt sich der Geschmack von *Chirimoyas* nicht beschreiben. Die etwa faustgroßen Früchte mit hellgrüner, manchmal etwas schwarzfleckiger Schale sind einfach wunderbar. Allerdings ist der Verzehr kein ungeübter Genuss, denn die großen schwarzen Kerne sind nicht zum Essen geeignet. Sternanonen werden als reife Früchte roh verzehrt und gelten als perfekte Grundlage für einen *Batido* (Milchshake). Man sollte sie nicht im Kühlschrank lagern, sie kurz vor dem Verzehr jedoch zu kühlen ist eine gute Idee.

◆

Suppen und Eintöpfe
Sopas y Guisos

◆

Suppen sind eine Passion der Kubaner – ob aus Lei-
denschaft oder aus Not geboren, sei dahingestellt.
Unterschieden werden Sopa, Crema und Potaje. Eine
Sopa ist stets eine Suppe mit Einlage, eine Crema da-
gegen wird – wie die beliebten Batidos (Milchshakes)
– in der Batidora püriert. Die sämigen, sehr dick-
flüssigen Cremas werden mitunter auch als Sauce zu
Reis gegessen. Potajes schließlich sind Eintöpfe aus
beliebigen Zutaten, werden aber überwiegend mit
Gemüse zubereitet.

Eine Sopa, die auch Crema heißen könnte: Nur ein Teil der verwendeten Bohnen wird püriert, der Rest verbleibt als »Einlage« in der Suppe.

◆ Die Bohnen mit der Brühe und 400 ml Wasser aufgießen und in einem großen Topf erhitzen. Unter mehrmaligem Umrühren bei schwacher Hitze köcheln, bis sie weich sind.
Währenddessen die Paprika halbieren und entkernen, das weiße Fruchtfleisch entfernen, die Schote würfeln. Rote Zwiebel hacken und zugedeckt zur Seite stellen.
Öl erhitzen und die weißen Zwiebeln darin glasig dünsten. Mit den Paprikawürfeln zu den Bohnen geben. 1 bis 2 Kellen Bohnen herausschöpfen und pürieren.
Das Püree mit Kräutern, Knoblauch, Kümmel, Oregano und Chili zur Suppe geben. Abschmecken und 15 Minuten köcheln. Die mit Nelken gespickte Orangenhälfte hinzugeben und alles weitere 30 Minuten köcheln.
Vor dem Servieren die Orange entfernen. Die Suppe mit Salz und Pfeffer abschmecken, mit den roten Zwiebelwürfeln bestreuen.

Schwarze-Bohnen-Suppe
Sopa de Frijoles Negros

für 4 Personen

350 g eingeweichte schwarze Bohnen
400 ml Gemüse- oder Hühnerbrühe
1 kleine grüne oder rote Paprika
1 rote Zwiebel
Öl
2 gehackte kleine weiße Zwiebeln
3 EL gemischte Kräuter (Koriander, Petersilie, Majoran)
2 Knoblauchzehen
½ TL gemahlener Kümmel
1 TL getrockneter Oregano
1 Prise Chilipulver
4 Gewürznelken
½ ungespritzte Orange

Knoblauchsuppe
Crema de Ajo

für 4 Personen

6 Knoblauchzehen
3 EL Olivenöl
½ l Gemüsebrühe
1 Prise Rosenpaprika
2 kleine altbackene Brötchen
1 Ei
1 Prise Kreuzkümmel
Petersilie oder
   Korianderblätter

Einfach in der Zubereitung, sehr lecker und äußerst gesund.

◆ In einem Topf Öl erhitzen und den unzerteilten Knoblauch darin anbraten, jedoch nicht bräunen. Brühe angießen, aufkochen und etwa 5 Minuten kochen. Mit Pfeffer und Paprika würzen.
Brötchen in kleine Würfel schneiden und zur Suppe geben. Umrühren, weitere 5 bis 10 Minuten köcheln.
Das Ei mit 2 EL Suppe in einer Tasse gut verquirlen und unter kräftigem Rühren in den Topf geben. In der Batidora oder mit dem Pürierstab cremig rühren, eventuell durch ein Sieb passieren.
Suppe mit Kreuzkümmel und wenig Salz abschmecken – die Gemüsebrühe enthält bereits Salz – und mit Petersilie bestreut servieren.
Beilage: in gesalzenem Öl gebackene Brotcroûtons

Wer weder Batidora noch Pürierstab besitzt, kann den Knoblauch zerdrücken, die Brötchen zerreiben und die Suppe später durch ein Sieb streichen, um die gewünschte cremige Konsistenz zu erreichen.

Möhrensuppe mit roten Linsen
Guisado de Zanahorias con Lentejas

für 4 Personen

600 g Möhren
100 g rote Linsen
30 g Butter
2 gehackte kleine Zwiebeln
1 gehackte Knoblauchzehe
¾ l Gemüsebrühe
¼ l Sahne oder Vollmilch
1 ungespritzte Orange
½ TL gemahlener
   Kreuzkümmel
2 TL Curry
1 kleines Bund Koriander

◆ Die Möhren schälen und in Scheiben schneiden, die Linsen waschen und abtropfen lassen.
In einem großen Topf Butter zerlassen und die Möhren 5 Minuten darin andünsten. Zwiebeln und Knoblauch etwa 2 Minuten mitschmoren, aber nicht bräunen. Brühe und Sahne angießen und alles etwa 20 Minuten köcheln.
1 TL Orangenschale abreiben. Die Orange halbieren und auspressen. Saft und Schale in die Suppe geben. Mit Kreuzkümmel, Curry, Pfeffer und Salz würzen. Die Suppe pürieren, gehackten Koriander hinzugeben und erneut abschmecken.

Variante:
Vor dem Servieren mit ein paar gehackten und gerösteten Erdnüssen bestreuen.

◆ Die Kichererbsen über Nacht in reichlich kaltem Wasser einweichen.
Am nächsten Tag das Wasser abgießen. Reichlich Salzwasser mit Natron zum Kochen bringen und die Kichererbsen etwa 20 Minuten darin kochen, dabei immer wieder den entstehenden Schaum abschöpfen. Das Kochwasser abgießen und die Kichererbsen mit dem Fleisch in der Brühe zum Kochen bringen.
Währenddessen die Chili entkernen, die Petersilie hacken. Beides mit Zwiebeln, Knoblauch und Kreuzkümmel zur Suppe geben und kochen, bis das Fleisch gar ist.
Das Fleisch aus der Suppe nehmen, vom Knochen lösen und in mundgerechte Stücke zerteilen. Warm stellen. Die Suppe pürieren, mit etwas Öl, Pfeffer und Salz abschmecken. Auf Teller verteilen, jeweils etwas Fleisch hinzugeben und servieren.

Kichererbsensuppe
Potaje o Crema de Chícharos

am Vortag beginnen
für 6 Personen

300 g Kichererbsen
1 TL Natron
400 g Schweinefleisch mit etwas Schwarte und Knochen (auch Reste)
1½ l Gemüsebrühe
½ grüne Chili
½ Bund Petersilie
2 gehackte Frühlingszwiebeln
4 gehackte Knoblauchzehen
½ TL gemahlener Kreuzkümmel
Olivenöl

◆ Das Huhn säubern und mit einer Geflügelschere zerteilen. In einem großen Topf Butter sowie Öl zerlassen und die Hühnerteile darin anbraten.
Währenddessen Tomaten überbrühen, häuten, klein schneiden, entkernen. Petersilie und Minze hacken. Das Bratfett eventuell reduzieren. Zwiebeln, Knoblauch, Tomaten, Koriander und die Hälfte der Petersilie in den Topf geben, mit Wasser bedeckt mindestens eine Stunde kochen, bis sich das Fleisch leicht vom Knochen lösen lässt. Das Fleisch herausheben, Knochen sowie Haut entfernen und das Fleisch zurück in die Suppe geben. Erneut mit Pfeffer und Salz abschmecken und den Reis einstreuen. Köcheln, bis der Reis die gewünschte Konsistenz hat. Mit Minze und der restlichen Petersilie bestreut servieren.

Zum Anbraten der Hühnchenteile wird hier relativ viel Öl verwandt. Danach darf überschüssiges Bratfett – je nach Geschmack und Kalorienbewusstsein – wieder reduziert werden.

Hühnersuppe
Sopa de Pollo

für 6 Personen

1 küchenfertiges Suppenhuhn (etwa 2 kg)
3 EL Butter oder 2 EL Butterschmalz
3 EL Öl
2 Fleischtomaten
1 großes Bund glatte Petersilie
3 Zweige Minze oder Hierbabuena
1 gehackte Gemüsezwiebel
2 gehackte Frühlingszwiebeln
3 gehackte Knoblauchzehen
1 Prise gehackter frischer Koriander
½ Tasse weißer Reis

Kreolisches Allerlei
Ajiaco Criollo

2½ Stunden Vorbereitungs-
und Kochzeit
für 6-8 Personen

500 g Schweinefleisch
500 g Schweineknochen
3 Maiskolben
1 kg Yucca
1 kg Ñame
2 Maniokwurzeln
1 rote Paprika
6 kleine Tomaten
¼ eines kleinen Kürbis
2 Süßkartoffeln
2 reife Kochbananen
2 grüne Kochbananen
1 Limone (Saft)
1 grob gehackte große rote
  Zwiebel
1 grob gehackte
  Knoblauchzehe
nach Geschmack:
  2 Safranfäden
1 EL Butter

*Dieser klassische kubanische Eintopf verbindet alles,
was Feld, Küche und Keller hergeben. Das Rezept
stammt vermutlich von Bauern, die all ihre Schätze
in einem Gericht unterbringen wollten. Die Maiskolben werden in Stücken mitgegart, die Körner später mit Fingern und Zähnen vom Kolben gelöst.
Ajiaco Criollo gilt gemeinhin als gute Trinkgrund-
lage ...*

◆ Fleisch und Knochen in 4 l kaltem Wasser zum
Kochen bringen und 10 Minuten kochen, bis sich
Schaum bildet, der nach Geschmack abgeschöpft
werden kann. Die Hitze reduzieren und alles eine
Stunde köcheln.
Währenddessen die Maiskolben von den Blättern
befreien und in 3 cm große Stücke schneiden. Die
übrigen Gemüse putzen und in mundgerechte
Stücke zerteilen.
Nach einer Stunde Kochzeit Maiskolben zum
Fleisch geben. Die grünen Kochbananen in mund-
gerechte Stücke schneiden, mit Limonensaft be-
träufeln und ebenfalls zugeben. Nach weiteren 30
Minuten Yucca, Ñame und Maniok hinzufügen.
Erneut 30 Minuten kochen lassen.
Zwiebel, Knoblauch, Paprika und Tomaten zuge-
ben und 10 Minuten mitkochen. Zum Schluss
Kürbisstücke, Süßkartoffeln und reife Kochbana-
nen auf die Suppe legen, nicht umrühren, weitere
10 Minuten köcheln. Mit 2 TL Salz abschmecken.
Kurz vor dem Servieren den Safran in einem Löf-
fel der Suppenflüssigkeit lösen, separat in etwas
Butter anschwitzen und der Suppe beigeben.
Beilage: Brot, Maisbrei oder Reis

Auf Kuba sagt man, Spinat sei die Königin der Blatt-gemüse. Ihre Hoheit erfreut sich allerdings nicht bei allen Kubanern gleicher Beliebtheit. Man kennt drei Arten von Spinat, die in der Küche für verschiedene Zwecke eingesetzt werden. Der echte »Popeye«-Spi-nat, der dem mitteleuropäischen gleicht, ist am we-nigsten verbreitet – wahrscheinlich ist er für den ku-banischen Gaumen zu bitter. Der Baracoa-Spinat ist eine hoch aufschießende Pflanze, die das heiße Klima Kubas toleriert. Er hat 4 bis 10 cm breite Blätter, schmeckt nur wenig bitter und kommt hauptsächlich in Suppen zum Einsatz. Der Cimarrón- oder Cei-lan-Spinat hat kleine salbeiförmige Blätter und erin-nert geschmacklich an Sauerampfer. Die fleischigen Blätter haben einen wunderbaren Biss. Seine pink-farbenen Blüten sind zwar nicht essbar, aber eine erstklassige Garnierung für den Tellerrand. Ein Spi-nat, der, wenn er hier wüchse, es in unseren Küchen zum Kultsalat brächte…

Spinatcremesuppe
Crema de Espinaca que Popeye no Conocía

für 4 Personen

500 g Spinat
3 mittelgroße Kartoffeln
3 Knoblauchzehen
2 EL Olivenöl
5 gehackte Frühlingszwiebeln
1 Limone

◆ Den Spinat verlesen, waschen und trocken-schleudern. Kartoffeln schälen und in kleine Stücke schneiden. Den Knoblauch mit etwas Salz zerreiben.
In einem großen Topf Öl erhitzen und die Zwie-beln darin kurz glasig werden lassen. Den Knob-lauch etwa 1 Minute mitbraten. Spinatblätter und Kartoffeln in den Topf geben, mit ½ l Wasser auf-gießen und salzen. Bei geschlossenem Topf und mittlerer Hitze kochen, bis die Kartoffeln gar sind.
Die Suppe in der Batidora pürieren, falls nötig, et-was Wasser zugießen. Zurück in den Topf geben, mit Salz und Limonensaft abschmecken.
Mit Limonenschnitzen garniert servieren.

Gemüsecremesuppe mit Porree
*Crema de Vegetales
con Ajo Porro*

für 4 Personen

3 Stangen Porree
1 kleine Maniokwurzel oder
    2 mittelgroße Süß-
    kartoffeln
1 mittelgroße Mangoldstaude
1 grüne oder rote Paprika
3 mittelgroße Kartoffeln
je 3 Zweige Basilikum,
    Oregano und Majoran
4 gehackte Knoblauchzehen
4 EL Tomatenpüree

◆ Alle Gemüse putzen und grob zerkleinern, Kartoffeln schälen und klein schneiden, Kräuter hacken.
In einem Schnellkochtopf Gemüse, Kartoffeln und Knoblauch bei mittlerer Hitze etwa 25 Minuten garen. Den Topf öffnen, ½ TL Salz, Kräuter und Tomatenpüree hineingeben und alles mit dem Pürierstab gut durchmixen. Sollte die Crema zu dickflüssig sein, etwas Wasser zugießen. Ohne Deckel weitere 5 Minuten köcheln, erneut abschmecken und servieren.

◆

Salate
Ensaladas

◆

Ajies cachucha: würzige kleine Paprikaschoten, die in kaum einem Gericht fehlen.

Samstagmorgen auf dem Agromercado, dem Bauernmarkt im Stadtteil Vedado.

Getränkepause auf der Plantage.
Die Zuckerrohrernte ist extrem
harte Arbeit.

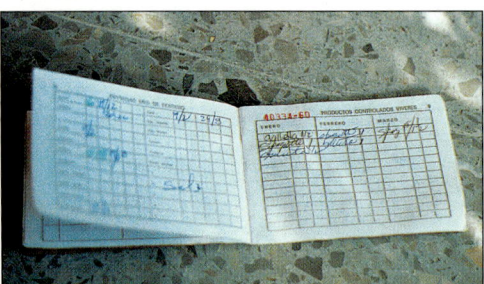

Die „Libreta", das Bezugsheftchen
für rationierte Lebensmittel.

Schlangestehen am Lebensmittel-
Laden gehört zum kubanischen
Alltag.

Salpicón eignet sich bestens als Teil eines Buffets. Er lässt sich leicht vorbereiten und schmeckt auch am zweiten Tag noch wunderbar. Er wird auf grünem Salat oder Gurkenscheiben serviert, dazu reicht man Essig, Olivenöl, Pfeffer und Salz.

◆ Das Fleisch in feine Streifen schneiden und in eine große Schüssel geben. Kartoffeln pellen und würfeln. Die Paprika halbieren und entkernen, das weiße Fruchtfleisch entfernen, die Schote fein würfeln. Petersilie grob zerhacken, Oliven in Ringe schneiden. Alles mit der Zwiebel zum Fleisch geben, Kapern, Kapernwasser und Piment beifügen, gut vermengen.
Für das Dressing Essig in eine Schüssel geben. Zerdrückten Knoblauch, Zwiebel, Zucker, Salz und etwas schwarzen Pfeffer zugeben. Das Öl erst tropfenweise, dann in einem dünnen Strahl unter die Essigmischung schlagen, bis sie eine cremige Konsistenz bekommt. Abschmecken, über den Salat gießen, gut vermengen und etwa zwei Stunden ziehen lassen.
Den Salat nochmals mit Salz und Pfeffer abschmecken und auf in Streifen geschnittenen Salatblättern servieren.

Kubanischer Fleischsalat
Salpicón

2 Stunden ruhen lassen
für 4 Personen

200 g Roastbeef
200 g gebratene
  Hühnchenbrust
4 gekochte mittelgroße
  Kartoffeln
1 grüne Paprika
3 Stängel glatte Petersilie
10 grüne Oliven ohne Stein
1 gehackte kleine
  Gemüsezwiebel
1 EL eingelegte Kapern
1 EL Kapernwasser
nach Geschmack: Piment
½ Kopf grüner Salat

für das Dressing:
2 EL brauner Essig
1 kleine Knoblauchzehe
½ gehackte Frühlingszwiebel
1 Prise Zucker
8 EL Olivenöl

Gelierter Obstsalat
Ensalada de Frutas en Gelatina

Ein ungewöhnlicher Fruchtsalat, angesiedelt irgend-wo zwischen herzhaft und süß – eher Vorspeise als Dessert.

einige Stunden ruhen lassen
für 2 Personen

1½ Tassen verschiedene
　frische Früchte, in
　mundgerechte Stücke
　geschnitten
4 TL Gelatinepulver
1 Tasse kochendes Wasser
2 EL Obstessig
2 EL Orangensaft
1 EL Zitronensaft
¼ Tasse Zucker
½ Tasse Mayonnaise
einige junge Spinatblätter
　oder feinblättriger
　Blattsalat

◆ Die Gelatine in ¼ Tasse kaltem Wasser lösen und 5 Minuten ziehen lassen. Mit kochendem Wasser aufgießen und umrühren, bis alles vollständig gelöst ist. Essig, Orangen- und Zitronensaft mit Zucker und ½ TL Salz mischen, zur Gelatine geben. Durch ein Sieb in eine Servierschüssel passieren und leicht andicken lassen.
Die Fruchtstücke in der Gelatine verteilen. Einige Stunden kalt stellen.
Wie einen Cocktail mit Mayonnaise auf Spinat-blättern servieren.

In Würfel geschnitten ist der gelierte Fruchtsalat auch eine perfekte Ergänzung zu Shrimps oder po-chiertem Fisch.

Avocadosalat
Ensalada de Aguacate

für 4 Personen

3 große reife, aber nicht zu
　weiche Avocados
1 Limone
1 Prise Zucker
1 kleines Bund glatte
　Petersilie oder ½ Bund
　Basilikum

◆ Die Limone auspressen und mit ¼ TL Salz und Zucker verrühren. Die Avocados halbieren und entkernen, das Fruchtfleisch aus der Schale heben und in mundgerechte Stücke schneiden. Sofort mit dem Limonensaft beträufeln, damit es nicht braun wird. Gehackte Petersilie unterheben und servie-ren.

Dieser Salat ist der im heutigen Kuba am häufigsten gereichte, weil es Kohl fast immer zu kaufen gibt. Der Rest ist dem Geschmack überlassen – oder an das gebunden, was das Angebot hergibt.

◆ Den Weißkohl fein raspeln, auf eine flache Schale legen, mit ½ TL Salz bestreuen. Die Zwiebel in feine Ringe schneiden und das Weiße der Zwiebel mit dem Krautsalat vermischen, das Zwiebelgrün zur Seite stellen. Den Salat 30 Minuten zugedeckt ruhen lassen.

Die Möhren raspeln und mit etwas Essig beträufeln, damit sie nicht braun werden, auf dem Krautsalat verteilen. Die Gurke gründlich waschen und halbieren, die Kerne mit einem Teelöffel entfernen. Das Gurkenfleisch in kleine Würfel schneiden und auf die Möhren geben. Den restlichen Essig mit Zucker und Oregano verrühren, das Öl kräftig unterschlagen und den Salat damit marinieren.

Vor dem Servieren etwa 15 Minuten ziehen lassen, dann mit Zwiebelgrün bestreut auftragen.

Gemischter Gemüsesalat
Ensalada Vegetal

als Beilage für 3 Personen

¼ eines kleinen Weißkohls
1 Frühlingszwiebel
3 Möhren
5 EL Weißweinessig
1 kleine Gartengurke
¼ TL Zucker
¼ TL getrockneter oder
　1 TL frischer gehackter
　Oregano
4 EL Olivenöl

◆

Gemüse
Vegetales y Viandas

◆

Mit Viandas meint man all jene Gemüsesorten, die einen hohen Stärkeanteil aufweisen und die auf Kuba traditionell gern und häufig gegessen werden: Maniok, Yucca, Ñame, Boniato und Kartoffeln. Unter Vegetales versteht man die übrigen Gemüsesorten.

◆ Den Weißkohl putzen und in feine Streifen schneiden. Gründlich waschen, 30 Minuten abtropfen lassen oder gut trockenschleudern. Die Ajíes cachucha halbieren und entkernen, das weiße Fruchtfleisch entfernen, die Schoten in Streifen schneiden. Die Zwiebeln in Ringe schneiden. Knoblauch mit 1 TL Salz gut zerdrücken. Die Petersilie hacken.

In einem großen Topf Öl erhitzen und die Weißkohlstreifen darin anbraten, bis sie ein wenig Farbe annehmen, dabei immer wieder wenden. Nacheinander Zwiebeln, Ajíes cachucha, Frühlingszwiebel und Knoblauch unterheben und zugedeckt etwa 35 Minuten mitdünsten.

Kurz vor Ende der Kochzeit Oregano und halbierte Oliven mit andünsten. Zuletzt die Petersilie unterheben und mit Essig abschmecken.

Das Gericht kann kalt oder warm gegessen werden und schmeckt hervorragend als Beilage zu Fleisch.

Weißkohl mit Zwiebeln und Paprika
Col Salpicada con Cebollas y Ajíes

½ großer Weißkohl
4 Ajíes cachucha
1½ große Zwiebeln
5 Knoblauchzehen
4 Stängel glatte Petersilie
3 EL Öl
1 gehackte Frühlingszwiebel
10 Blättchen frischer oder
    1 EL getrockneter Oregano
10 grüne Oliven ohne Stein
1 EL Weißweinessig

◆ Die Okras putzen und in heißem Salz-Essig-Wasser kurz blanchieren. Eiskalt abschrecken und in einem Sieb gut abtropfen lassen.

Etwas Mehl mit Salz und Paprika mischen, die Schoten darin wälzen.

In einer tiefen Pfanne Öl erhitzen und ein Holzstäbchen hineinhalten: Setzen sich kleine Bläschen daran fest, ist die Temperatur richtig. Die Okras portionsweise darin ausbacken.

Gebackene Okras werden zu gebratenem Fleisch gereicht oder zu Reis und einem würzigen Tomaten-Sofrito gegessen.

Gebackene Okras
Quimbombó Asado

als Beilage für 4 Personen

400 g Okraschoten
2 EL Essig
Mehl
1 Prise rotes Paprika- oder
    Chilipulver
1 Tasse Öl

Okraschoten mit Zwiebeln
Quimbombó con Cebollas

als Beilage für 4 Personen

400 g Okraschoten
4 kleine Zwiebeln
2 frische Korianderzweige
2 Stängel glatte Petersilie
4 EL Olivenöl
2 gehackte Knoblauchzehen
1 Limone

◆ Die Okras putzen, mit einem Tuch vorsichtig den Flaum von der Schale abreiben und die Früchte in heißem Salzwasser 3 bis 4 Minuten blanchieren. Eiskalt abschrecken und in einem Sieb gut abtropfen lassen. Die Zwiebeln vierteln, die Kräuter hacken.
In einem Topf Öl erhitzen und die Zwiebeln darin glasig werden lassen. 1 EL Wasser zugeben und die Zwiebeln im geschlossenen Topf dünsten, bis das Wasser vollständig verdampft ist. Den Knoblauch beifügen und etwa 1 Minute anbraten. Die Okras zugeben und salzen. Kurz heiß werden lassen, mit Koriander und Petersilie würzen. Eventuell mit etwas schwarzem Pfeffer bestreuen.
Mit Limonenschnitzen servieren.

Okraschoten mit Petersilie
Quimbombó con Perejil

400 g kleine Okraschoten
1 großes Bund glatte
　Petersilie
8 EL Öl
1 Limone (Saft)
4 gehackte Knoblauchzehen

◆ Die Okras putzen, mit einem Tuch vorsichtig den Flaum von der Schale abreiben. Die Stielansätze entfernen und die Okras in fingerdicke Stücke schneiden. Die Petersilie grob hacken.
In einer Pfanne Öl erhitzen und die Okras darin kräftig anbraten. Mit Limonensaft, viel Salz und wenig schwarzem Pfeffer würzen. Die Hitze reduzieren und die Petersilie unterheben. Zum Schluss den Knoblauch 1 Minute mitbraten.

Mit einem kalten Joghurtdip und Brot ein idealer Auftakt für ein mehrgängiges Sommermenü. Die Okras sind aber auch eine hervorragende Beilage zu Lammkoteletts.

57

Klassische Vorspeise, die im Handumdrehen zubereitet ist. Statt gemahlenem Koriander können auch frische Korianderblätter verwendet werden: Sie sind geschmacklich weniger intensiv.

◆ In einer Pfanne Öl erhitzen, Zwiebel und zerdrückten Knoblauch darin anbraten, aber nicht bräunen. Gewürze einstreuen und gut verrühren. Die Pfanne vom Herd nehmen und die Sauce erkalten lassen.

Die Avocados halbieren und entkernen, die Schnittflächen sofort mit etwas Limonensaft beträufeln, damit sie nicht braun werden. Die erkaltete Sauce in die Avocadohälften füllen und servieren.

Beilage: Brotchips oder getoastetes Grau- oder Weißbrot

Avocados mit Würzsauce
Aguacate con Salsa Picante

für 4 Personen

2 Avocados
8 EL Olivenöl
1 gehackte Zwiebel
4 Knoblauchzehen
1 TL gemahlener Kreuzkümmel
1 TL gemahlener Koriander
½ TL Rosenpaprika
Salz und Pfeffer
½ Limone (Saft)

Eine moderne kubanische Variante, um Energie zu sparen: Viele Kubaner verwenden einen Schnellkochtopf nicht etwa aus Umweltbewusstsein (das sich auf der Insel nur sehr schleppend durchsetzt) oder weil die Methode als vitaminschonend gilt. Im heutigen Kuba gibt es oft stundenlang weder Strom noch Gas – da zählt beim Kochen nur eins: Tempo.

◆ Die Kartoffeln schälen und in Scheiben, die Zwiebeln in Ringe schneiden. Die Ajíes cachucha halbieren und entkernen, das weiße Fruchtfleisch entfernen, die Schoten sehr fein hacken. Den Knoblauch mit etwas Salz und Oregano im Mörser zerreiben.

Den Schnellkochtopf leicht mit Butter einfetten und alles hineingeben. Basilikum und Wein unterheben. Die Oberfläche glätten, etwas zerlassene Butter darüber geben und den Topf verschließen. Bei mittlerer Hitze etwa 20 Minuten garen – die Kartoffeln sollen nicht weich werden, sondern noch etwas Biss haben.

Eignet sich als Beilage zu Schweineschnitzeln oder Lammkoteletts.

Gedämpfte Kartoffeln mit Zwiebeln
Papas y Cebollas a la Presión

als Beilage für 4 Personen

5-6 große Kartoffeln
2 Zwiebeln
5 Ajíes cachucha
5 Knoblauchzehen
½ TL getrockneter Oregano
4 TL Butter
1 EL gehacktes frisches Basilikum
8 EL Vino seco oder Weißweinessig

Bratkartoffeln mit Mojo Criollo
Papas Fritas con Mojo de Ajo

als Beilage für 4 Personen

5-6 mittelgroße, fest kochen-
de Kartoffeln
¼ l Sonnenblumenöl

für den Mojo Criollo:
7 Knoblauchzehen
½ Tasse Bitterorangensaft
oder je ¼ Tasse Limonen-
und Orangensaft
1 EL Sonnenblumenöl oder
Schweineschmalz

Mehr frittiert als gebraten sind kubanische Papas Fritas, das macht sie kalorienreicher, aber sehr viel knuspriger.
Man verwendet in der Regel kleine Pfannen, um den Fettverbrauch gering zu halten, und brät (oder frittiert) die Kartoffeln darin portionsweise. Die fertigen Bratkartoffeln werden kurzfristig im Backofen warm gestellt und immer erst gesalzen, wenn sie serviert werden.

◆ Kartoffeln schälen, vierteln oder achteln. In Salzwasser fast gar kochen. Abgießen und abtropfen lassen.
In einer Pfanne Öl erhitzen und die Kartoffelstücke darin von allen Seiten goldgelb braten.
Für den Mojo Criollo den Knoblauch mit Salz im Mörser zerreiben. Mit dem Saft der Bitterorangen und ¼ Tasse Wasser vermischen. In einer Pfanne Öl erhitzen und den Knoblauchsaft 1 Minute darin andünsten. Die Pfanne vom Herd nehmen, zudecken und sofort heiß zu den Kartoffeln servieren.

Dieser Mojo ist speziell für Gemüse gedacht, am besten für Maniok oder Kartoffeln, und relativ flüssig.

59

Eigentlich ist dieses sehr feste Püree als Brei für Kleinkinder gedacht – was viele Kubaner nicht davon abhält, es zu Fleisch oder Hühnchen zu verzehren.

◆ Die Banane mit Schale etwa 15 Minuten kochen. Aus der Schale lösen, mit der Gabel zerdrücken, Butter, Zucker und eine Prise Salz unterrühren.

Kochbananen-Püree
Puré de Plátano Maduro

für 1 Person

1 Kochbanane
1 Stück Butter
1 Prise Zucker

◆ Die Bananen mit Schale etwa 15 Minuten weich kochen. Währenddessen das Sofrito zubereiten: In einer Pfanne Öl erhitzen, die Zwiebeln darin anschwitzen, mit dem Saft der Bitterorangen ablöschen. Kräftig salzen, umrühren und vom Herd nehmen.
Die Bananen aus der Schale lösen, die Mischung darüber geben, alles kurz pürieren und servieren.

Schmeckt heiß oder kalt zu Salat, Reis oder wie ein Pesto auf gerösteten Brotscheiben.

»Pesto« von Kochbananen
Fufú de Plátano

für 8 Personen

3 halbreife grüne
  Kochbananen

für das Sofrito:
3 EL Öl
2 gehackte Frühlingszwiebeln
1-3 EL Bitterorangensaft oder
  Weißweinessig

◆ Die Bananen mit Schale vorkochen. Entweder der Länge nach oder wie Chips quer in dünne Scheiben schneiden.
Öl erhitzen und die Bananenscheiben darin goldgelb ausbacken.
Mit Meersalz bestreut servieren.

Als Snack zum Rum oder als Beilage zu Fleisch und Fisch. Besonders Kinder mögen gebratene Kochbananen auch als Nachtisch: mit Zucker und Vanille bestreut, mit einem Klecks Schlagsahne oder einer Kugel Eis.

Gebratene Kochbananen
Plátanos Maduros Fritos

für 4 Personen

4 Kochbananen
4 EL Sonnenblumenöl oder
  3 EL Butter
grobes Meersalz

Papayagemüse mit Kokosmilch
Fruta Bomba con Leche de Coco

3 reife, noch feste Papayas
2 Ajíes cachucha oder 1 rote Paprika
2 EL Sonnenblumenöl oder 1 EL Butter
3 gehackte Frühlingszwiebeln
3 gehackte Knoblauchzehen
1 TL gemahlener Ingwer
¼ rote Chili
2-3 EL Sojasauce
3 Tassen Kokosmilch (etwa 400 ml, frisch oder Konserve)
¼ TL Kurkuma

Auch wenn die Fruta Bomba eine der Obstsorten ist, die Kuba nach Europa exportiert, gelangt damit nicht automatisch das feine, mild säuerliche Aroma zu uns. Eine wirklich schmackhafte Papaya zu finden ist hierzulande nicht ganz einfach. Es empfiehlt sich auf jeden Fall, möglichst ausgereifte Früchte zu kaufen, denn sie reifen – zumindest in unseren Breiten – nur sehr schlecht nach. Die Fruta Bomba benötigt sehr viel mehr Wärme und vor allem eine höhere Luftfeuchtigkeit, um Geschmack und Farbe zu intensivieren.

Unreife Papayas sind hart und grün und haben nur wenige gelbe Tupfer am Stielansatz. Überreife Früchte nehmen die Farbe von Zitronen an und weisen bräunliche Flecken auf. Reife Papayas sind grüngelb oder hellgrün mit großen gelben Flecken, manchmal auch dunklen Sprenkeln. Sie liegen schwer und warm in der Hand. Das purpurfarbene Fruchtfleisch ist butterweich und sehr saftig.

◆ Die Papayas halbieren, die Samen mit einem Löffel herauskratzen. Die Fruchthälften schälen und in mundgerechte Stücke schneiden. Die Ajíes cachucha halbieren und entkernen, das weiße Fruchtfleisch entfernen, die Schoten klein schneiden.
In einer großen Pfanne Öl erhitzen und die Zwiebeln 2 Minuten darin anbraten. Ajíes cachucha unter Rühren 2 bis 3 Minuten mitbraten. Knoblauch und Ingwer zugeben und jeweils 1 Minute mitdünsten, aber nicht bräunen. Die Papayastücke beifügen und bei mittlerer Hitze anbraten, die Chili mitgaren. Alles kräftig mit Salz und Sojasauce würzen und zugedeckt etwa 3 Minuten dünsten.
Das Gemüse aus der Pfanne nehmen und zur Seite stellen.
Etwa die Hälfte der Kokosmilch im Fett der Pfanne aufkochen, Kurkuma unterrühren und 3 Minuten köcheln. Das Gemüse wieder zugeben, die restliche Kokosmilch angießen und das Ganze erneut kurz aufkochen.
Die Chili entfernen, nochmals abschmecken und servieren.
Beilage: Reis

◆ Die Ajíes cachucha halbieren und entkernen, das weiße Fruchtfleisch entfernen, die Schoten fein würfeln. Die Frühlingszwiebel mit dem Grün in etwa 1 cm lange Stücke schneiden. Den Knoblauch mit 1 TL Salz und Kreuzkümmel im Mörser zerreiben. Die Oreganoblättchen von den Stängeln zupfen.

In einer tiefen Pfanne Öl erhitzen und nacheinander Zwiebel, Ajíes cachucha und Frühlingszwiebel darin kurz etwas Farbe annehmen lassen. Erst zuletzt die Knoblauch-Gewürz-Mischung zugeben – sie verbrennt sonst zu leicht und wird bitter. Mit Oregano bestreuen, Zucker und Tomatenpüree unterrühren und alles bei geschlossenem Topf etwa 20 Minuten köcheln.

Währenddessen die Spaghetti kochen. Die Sauce erneut abschmecken. Falls statt der Ajíes cachucha Paprika verwendet wurden, mit etwas Rosenpaprika und einer Prise Chilipulver nachwürzen.

Die Sauce schmeckt auch zu Reis. Dazu passt hervorragend ein Salat aus Gurkenstiften und Espinaca Cimarrón oder Spinatsalat.

Spaghetti mit Sauce Cecilia
Spaghetti con Salsa Cecilia

für 4 Personen

400 g Spaghetti
5 Ajíes cachucha oder
   2 rote Paprika
1 Frühlingszwiebel
8 Knoblauchzehen
½ TL gemahlener
   Kreuzkümmel
3 Zweige frischer oder
   1 TL getrockneter Oregano
3 EL Öl
1 gehackte große Zwiebel
1 Prise Zucker
2 Tassen pürierte Tomaten

Frittierter Mais
Frituras de Maíz Tierno

für 4 Personen

7 noch nicht voll ausgereifte
  mittelgroße Maiskolben
1 Ei
3 gehackte Knoblauchzehen
½ l Öl

Will man die beiden hier erwähnten Maisrezepte nachkochen, sollte man sich vergewissern, dass der verwendete Mais das richtige Reifestadium besitzt: Man unterscheidet auf Kuba Maíz tierno, also den hellen trockenen, noch nicht ganz ausgereiften Mais, und Maíz seco, den gelben, vollreifen Mais.
Mais wird auf Kuba vielfältig eingesetzt. Man isst ihn gebraten, als Eintopf- und Suppeneinlage und selbst zu Reis – für europäische Verhältnisse eher ungewöhnlich, da hier zwei Kohlehydrat- und Stärkelieferanten aufeinander treffen.

◆ Die Maiskolben schälen, die Körner vom Kolben lösen, durch den Fleischwolf drehen oder in der Küchenmaschine grob pürieren. Mit Ei und Knoblauch mischen, kräftig salzen.
In einer großen, tiefen Pfanne Öl erhitzen. Mit einem Löffel von der Maismasse kleine Portionen abstechen und im heißen Fett goldgelb frittieren.

Frituras werden als Beilage oder zwischendurch als Snack heiß gegessen und ebenso heiß geliebt.

◆ Die Maiskolben schälen, die Körner vom Kolben lösen, durch den Fleischwolf drehen oder in der Küchenmaschine grob pürieren.
Für das Sofrito die Paprika halbieren und entkernen, das weiße Fruchtfleisch entfernen, die Schote fein hacken. In einer Pfanne Öl erhitzen, Zwiebel, zerdrückten Knoblauch und Paprika darin andünsten. Mit Kräutern, Pfeffer und ¼ TL Salz kräftig abschmecken, Tomaten und Zucker einrühren. 2 Minuten kochen, dann sofort vom Herd nehmen.
In einem großen Topf die Maiskörner mit etwas Wasser und wenig Salz verrühren, so dass der entstehende Brei leicht flüssig bleibt. Das Sofrito unterrühren. Erhitzen und köcheln, bis der Maisbrei etwas andickt. Die Konsistenz ist Geschmackssache, eine breiige Beschaffenheit aber erwünscht.

Variante:
Die Pastete kann auch in die vorsichtig abgelösten Maisblätter eingerollt werden: Dazu den Mais nicht mit Wasser anrühren, sondern nur mit Salz und dem Sofrito würzen. Das Ganze mit Küchengarn fixieren und im Wasserbad vorsichtig erhitzen. In den Blättern servieren – auf diese Weise wird der Maisbrei fast schnittfest.

Maispastete
Tamal en Cazuela

etwa 14 noch nicht voll ausgereifte mittelgroße Maiskolben

für das Sofrito:
1 rote Paprika
1 EL Öl
1 gehackte Zwiebel
4 Knoblauchzehen
reichlich Oregano, Majoran, Kreuzkümmel
rosa oder weißer Pfeffer
12 zerkleinerte, entkernte Tomaten oder 4 große EL Tomatenpüree
2 Prisen Zucker

Yuccawurzeln mit Mojo
Yuca con Mojo Criollo

als Hauptgericht für 3, als
Beilage für 6-8 Personen

6 mittelgroße Yucca
(etwa 1½ kg)
Mojo Criollo (Seite 120)

Yucca muss immer erst weich gekocht werden, bevor sie genießbar ist, denn die Wurzel enthält einen harten, faserigen Strunk. In manchen Geschäften für exotische Delikatessen kann man Yucca als Tiefkühlprodukt kaufen, dann entfällt das hier beschriebene Vorkochen. Das »Ablöschen« während des Kochvorgangs lässt die Yucca aufbrechen, so dass der harte Faserkern leichter entfernt werden kann.

◆ Die Yucca längs aufschlitzen, häuten und in etwa 2 cm lange Stücke schneiden. In einem großen Topf mit Wasser bedeckt zum Kochen bringen. Wenn das Wasser sprudelnd kocht, 2 Tassen kaltes Wasser zugießen, alles erneut erhitzen und weitere 20 Minuten kochen, bis die Stücke zart sind.
Den Topf vom Herd nehmen und 1 TL Salz zufügen. Umrühren und 5 Minuten ruhen lassen.
Abgießen, den Faserkern entfernen und sofort mit Mojo Criollo servieren.

Gebackene Yucca-Puffer mit Knoblauch
Frituras de Yuca con Ajo

als Beilage für 6-8 Personen

6 Yucca (etwa 1½ kg)
2 Eier
2 gehackte Knoblauchzehen
1 TL Limonensaft
½ l Öl

◆ Die Yucca längs aufschlitzen, häuten und in etwa 4 cm lange Stücke schneiden. In einem großen Topf mit Wasser bedeckt zum Kochen bringen. Wenn das Wasser sprudelnd kocht, 2 Tassen kaltes Wasser zugießen, alles erneut erhitzen und weitere 20 Minuten kochen, bis die Stücke zart sind.
Den Topf vom Herd nehmen und 1 TL Salz zufügen. Umrühren und 5 Minuten ruhen lassen.
Abgießen, den Faserkern entfernen und grob pürieren. Eier, Knoblauch und Limonensaft unterrühren. In reichlich heißem Öl ausbacken.

Das Püree wird gern für kleine Kinder zubereitet, weil Maniokwurzeln besonders bekömmlich und nahrhaft sind. Für Erwachsene werden die Pürees speziell gewürzt.

Der gekochte Maniok sollte nicht mit der Küchenmaschine oder dem Pürierstab zerkleinert werden, da er sonst eine gummiartige Konsistenz bekommt. Gegen Zubereiten einer größeren Portion und Einfrieren ist hingegen nichts einzuwenden.

Die Variation mit Milch statt Öl macht die Prozedur mit dem Kartoffelstampfer etwas leichter und den Brei cremiger.

Maniokpüree
Puré de Malanga para Niños

für 6 Kinderportionen

4 Maniokwurzeln
  (etwa 800 g)
½ Tasse Olivenöl

◆ Den Maniok schälen und in fingerdicke Scheiben schneiden. In einem großen Topf mit Wasser bedeckt zum Kochen bringen. Die Hitze reduzieren und etwa 15 Minuten köcheln, bis die Scheiben weich werden.
Abgießen und 1 Tasse Kochwasser auffangen. Mit einem Kartoffelstampfer zügig zu Püree verarbeiten, dabei nach und nach Öl und 1 TL Salz untermischen. Falls das Püree zu dick wird, etwas Kochwasser zugießen.

◆ Den Maniok schälen und in fingerdicke Scheiben schneiden. In einem großen Topf mit Wasser bedeckt zum Kochen bringen. Die Hitze reduzieren und etwa 15 Minuten köcheln, bis die Scheiben weich werden.
Abgießen. Mit einem Kartoffelstampfer zügig zu Püree verarbeiten, dabei Milch, Butter und 1 TL Salz untermischen.

Maniokpüree mit Milch
Puré de Malanga con Leche

für 4 Portionen

4 Maniokwurzeln
  (etwa 800 g)
150 ml heiße Milch
3 EL Butter

Maniokpüree mit Knoblauch
Puré de Malanga al Ajillo

als Beilage für 4 Portionen

4 Maniokwurzeln
   (etwa 800 g)
½ Tasse Olivenöl
4 Knoblauchzehen
1 EL gehackter frischer
   Koriander

Das Rezept kann ebenso gut durch ein vorher gebratenes Sofrito mit Zwiebeln, Knoblauch und Speck verfeinert werden.

◆ Den Maniok schälen und in fingerdicke Scheiben schneiden. In einem großen Topf mit Wasser bedeckt zum Kochen bringen. Die Hitze reduzieren und etwa 15 Minuten köcheln, bis die Scheiben weich werden.

Abgießen und 1 Tasse Kochwasser auffangen. Mit einem Kartoffelstampfer zügig zu Püree verarbeiten, dabei nach und nach Öl, 1 TL Salz, Knoblauch und Koriander untermischen. Falls das Püree zu dick wird, etwas Kochwasser zugießen.

◆

Reis und Bohnen
Arroz y Frijoles

◆

Da Reis und Bohnen in Kubas Küche fast immer gemeinsam auftreten, sind sie auch hier in einem Kapitel zusammengefasst.

Reis wird zu nahezu jedem Essen gereicht, und es gehört zur hohen Schule kubanischer Kochkunst, ihn in der allgemein favorisierten Weise herzustellen. Er soll luftig und locker sein, niemals klebrig oder sämig, aber auch nicht zu viel Biss haben. Von der Konsistenz erinnert er durchaus an Kochbeutel-Reis, nur schmeckt der hausgemachte um Lichtjahre besser.

Was früher ein langwieriger und schwieriger Prozess war, das erledigt heute der Reiskochtopf. Immer erreicht er die richtige »Körnung« und hält den Reis überdies heiß.

Im Folgenden zwei Grundrezepte, ein traditionelles und ein »modernes«, das den Schnellkochtopf nutzt.

◆ Den verlesenen und gewaschenen Reis in einen großen, schweren Topf geben und so viel Salzwasser zugießen, dass die Körner etwa halbfingerdick bedeckt sind. Zum Kochen bringen, den Topf verschließen und die Hitze reduzieren. Je nach Sorte 20 bis 30 Minuten köcheln, bis der Reis bissfest ist. Durch ein großes Sieb abgießen und schnell mit etwas kaltem Wasser abspülen – damit entfernt man auch die gelösten Stärkepartikel, die den Reis später verkleben würden. In den Topf zurückgeben und sofort das Schmalz unterheben – es trennt und aromatisiert die Körner und lässt sie leicht glänzen. Den Reis im geschlossenen Topf bei sehr schwacher Hitze warm halten. Nur den lockeren oberen Teil servieren.

Reis nach alter Art
Arroz a la Antigua

für 4 Personen

1½ Tassen Langkornreis
1 EL Schweine- oder
    Gänseschmalz

◆ In einem Schnellkochtopf 3 TL Öl erhitzen und den Knoblauch unzerkleinert 1 Minute darin andünsten. Herausnehmen und den Reis einrühren. 2 Tassen Wasser und Salz zugeben. Den Topf verschließen und stark erhitzen, bis das Drucksignal ertönt. Die Hitze reduzieren und den Reis etwa 5 Minuten kochen.
Den Topf unter kaltem Wasser »abschrecken« und erst öffnen, wenn kein Dampf mehr aus dem Ventil entweicht. Das restliche Öl unterziehen und gut vermengen, so dass sich die Reiskörner voneinander trennen.

Weißer Reis aus dem Schnellkochtopf
Arroz Blanco de Presión

2 Tassen Langkornreis
2 EL Sonnenblumenöl
1 Knoblauchzehe
2 TL Salz oder Limonensaft

Gelber Reis
Arroz Amarillo

250 g Reis
3 EL fein geschnittene
    Möhren
2 EL geriebener Weißkohl
4 EL geschnittene grüne
    Bohnen
½ Tasse Erbsen

für das Sofrito:
2 dünne Scheiben Speck
4 kleine Tomaten
1 EL Butter
1 gehackte Zwiebel
1 gehackte Knoblauchzehe
etwas gehackte Petersilie
4 Safranfäden
2 EL Tomatenmark

Gelber Reis ist ein sehr gebräuchliches Rezept, das immer wieder variiert wird. Es wird mit Fisch, Hähnchen, Schweinefleisch, Gemüsen oder mit allem zusammen zubereitet. Ein wenig ähnelt es daher einem Paella-Rezept.

◆ In einem Topf 1¼ l Wasser zum Kochen bringen, Möhren und Kohl etwa 10 Minuten darin kochen. Die Bohnen beifügen und etwa 20 Minuten mitkochen. 1½ TL Salz zugeben, den Topf vom Herd nehmen.
Für das Sofrito den Speck klein schneiden. Die Tomaten häuten, klein schneiden und entkernen. In einer Pfanne Butter zerlassen und den Speck darin braten. Die Zwiebel mit anschmoren. Tomaten, Knoblauch und Petersilie hinzugeben und ebenfalls mit andünsten. Safran und Tomatenmark beifügen und alles 10 Minuten kochen.
Das Sofrito unter das Gemüse rühren. Den Reis zugeben und bei schwacher Hitze 25 Minuten köcheln. Falls nötig, Wasser zugießen. Kurz vor Ende der Kochzeit die Erbsen hinzugeben.

Ingwer-Reis mit Fisch
Arroz de Gengibre con Pescado

300 g Reis
1 Ingwerwurzel (2 cm)
1 Knoblauchzehe
1 EL Butter oder
    3 EL Pflanzenöl
½ TL gemahlener
    Kreuzkümmel
250-300 ml Gemüsebrühe
    oder Wasser (Menge je
    nach verwendeter Reissorte)
150-200 g geräucherter,
    gekochter oder
    gebratener Fisch
1 Limone
Dill oder Korianderblätter

Ein Beispiel exzellenter »Resteverwertung«, wie sie die Kubaner zur Kunstform erhoben haben.

◆ Ingwer schälen und fein hacken, Knoblauch halbieren. In einem großen Topf Butter zerlassen, beides 1 Minute darin anbraten, jedoch nicht bräunen. Kreuzkümmel einstreuen und kurz mitbraten. Die Knoblauchstücke entfernen.
Brühe angießen, Reis sowie ¼ TL Salz hinzufügen – bei Verwendung von Gemüsebrühe und/oder Räucherfisch entsprechend weniger – und aufkochen. Die Hitze stark reduzieren und den Reis bei geschlossenem Topf etwa 15 Minuten garen.
Währenddessen den Fisch in kleine Stücke schneiden oder mit den Händen zerfasern. Kurz vor Ende der Garzeit die Fischstücke unter den Reis heben.
Heiß mit Limonenscheiben und etwas Dill servieren – oder kalt als »Salat«, dazu eventuell etwas nachsalzen.

*Eine geschichtete Delikatesse für besondere Anlässe,
die alles verbindet, was die kubanische Küche liebt.
Allerdings ist die Wahl der Zutaten von Familie zu
Familie recht unterschiedlich und folgt über Generationen tradierten Hausrezepten. Arroz Imperial erinnert ein wenig an eine spanische Paella und
benötigt relativ viel Vorbereitungszeit.*

◆ Das Hähnchenfleisch würfeln, salzen und mit
Oregano bestreuen. Die Wachtelbrüstchen in
Streifen schneiden und leicht salzen. Das Filet würfeln, mit Knoblauch und Salz einreiben. Alles
nacheinander im selben Öl anbraten, herausnehmen, zur Seite stellen.
Das Langustenfleisch klein schneiden und mit Limonensaft beträufeln. ¼ l Wasser mit Brühe erhitzen und das Langustenfleisch 2 Minuten darin ziehen lassen. Herausnehmen, den Sud auffangen
und beides zur Seite stellen. Die Zwiebeln in dünne
Ringe schneiden. Den Backofen auf 200° vorheizen.
Einen hohen, möglichst beschichteten Topf oder
eine große Kastenform mit Butter einfetten. Ab-
wechselnd Reis und Fleisch, Reis und Fisch sowie
Zwiebelringe hineinschichten. Auf den Reisschich-
ten jeweils 1 EL Mayonnaise verstreichen. Als
oberste Schicht Reis auf der Lasagne verteilen.
Einige EL Langustensud darüber träufeln und mit
Käse bedecken.
Die Paprika entkernen, das weiße Fruchtfleisch
entfernen, die Schote in sehr dünne Streifen
schneiden. Den Arroz Imperial mit Paprikastreifen
und Orangenschnitzen dekorieren und im Ofen
etwa 20 bis 30 Minuten backen, bis der Käse goldbraun ist.
Mit Basilikum garniert servieren.

Kubanische
Reis-Lasagne
Arroz Imperial

für 4 Personen

4 Tassen gekochter
    Langkornreis
etwa 150 g Hähnchenfleisch
½ TL getrockneter Oregano
4 Wachtelbrüstchen
etwa 150 g Schweinefilet
1 gehackte Knoblauchzehe
Öl
etwa 150 g Langusten- oder
    Krebsfleisch
1 Limone (Saft)
¼ TL Gemüsebrühe instant
2 große Gemüsezwiebeln
Butter
1 Tasse leichte Mayonnaise
4 EL geriebener Käse
½ rote Paprika
½ Orange
einige Basilikumblättchen

Gewürzreis mit Fleisch und Gemüse
Arroz Salteado con Carne y Vegetales

für 4 Personen

3 Tassen gekochter Reis
etwa 400 g Schweinefleisch
4 EL Bitterorangensaft
5 Knoblauchzehen
1 TL gemahlener
  Kreuzkümmel
1 TL getrockneter Oregano
4 EL Öl

für das Sofrito:
2 gehackte Zwiebeln
4 Ajíes cachucha oder
  2 kleine rote Paprika
2 gehackte Korianderblätter
3 kleine Tomaten
½ Tasse pürierte Tomaten
½ Tasse Weinessig
2 EL Sojasauce

Fast immer kocht man in kubanischen Haushalten Reis auf Vorrat. Dieses Gericht eignet sich besonders gut, um Reis vom Vortag zu einer pikanten Hauptspeise zu verarbeiten. Das Fleisch wird bereits in das Sofrito eingearbeitet, um den besonderen Geschmack zu erzielen.

◆ Das Fleisch weich klopfen und in Streifen schneiden. Mit dem Saft der Bitterorangen, Salz, zerdrücktem Knoblauch, Kreuzkümmel und Oregano marinieren und mindestens 30 Minuten ziehen lassen.
Währenddessen die Ajíes cachucha halbieren und entkernen, das weiße Fruchtfleisch entfernen, die Schoten fein würfeln. Die Tomaten häuten, von den Kernen befreien und ebenfalls in feine Würfel schneiden.
In einer Pfanne Öl erhitzen und die Fleischstreifen mit der Marinade darin anbraten. Wenn das Fleisch beinahe gar ist, die Zutaten für das Sofrito der Liste entsprechend nacheinander in die Pfanne geben und etwa 5 Minuten mitbraten.
Das Sofrito unter den heißen Reis heben, gut vermengen und vor dem Servieren etwa 15 Minuten warm stellen, damit es Geschmack annehmen kann.
Beilage: ein bunter Salat aus Weißkohl, Tomaten und Gurken

*Reis enthält viele Kohlehydrate und die Bohnen lie-
fern das nötige Protein. Daher scheint das Überleben
der Kubaner auch in der Spezialperiode gesichert, so-
lange es nur ihre geliebten »Mauren und Christen«
gibt.*
*Die Bohnen werden bei diesem Rezept zweckmäßi-
gerweise im Schnellkochtopf gegart.*

◆ In einem Schnellkochtopf die Bohnen mit Oregano etwa 40 Minuten bissfest garen. Vom Herd
nehmen, abgießen, die Flüssigkeit auffangen.
Währenddessen die Ajíes cachucha halbieren und
entkernen, das weiße Fruchtfleisch entfernen, die
Schoten fein würfeln. Die Knoblauchzehen mit
Salz im Mörser zerreiben. In einer Pfanne Öl erhitzen, Zwiebel und Knoblauch darin anschmoren.
Die Ajíes cachucha beifügen, mit Kreuzkümmel
würzen und die Pfanne vom Herd nehmen.
3 Tassen Kochwasser in einen Topf gießen, 1 Tasse
Bohnen sowie den Reis zugeben. Den Pfannenin-
halt hinzufügen, alles zum Kochen bringen und bei
schwacher Hitze kochen, bis der Reis sehr trocken
ist. Mit Essig abschmecken und servieren.

*Die restlichen Bohnen werden für ein anderes Rezept
verwenden.*

Mauren und Christen
Moros y Cristianos

für 4 Personen

3 Tassen Reis
2 Tassen schwarze Bohnen
2 TL getrockneter Oregano
4 Ajíes cachucha oder
   2 andere beliebige Paprika
½ Knoblauchknolle
2 EL Öl
1 gehackte große Zwiebel
1 TL gemahlener
   Kreuzkümmel
1 EL Weinessig

Schwarze Bohnen
Frijoles Negros

2 Tassen schwarze Bohnen
1 Lorbeerblatt

für das Sofrito:
6 Ajíes cachucha
1 kleine grüne Paprika
6 Knoblauchzehen
1 TL gemahlener
  Kreuzkümmel
2 EL Öl
1 gehackte Zwiebel
2 EL frischer oder getrockneter Oregano
1 EL Thymianblättchen
5 Korianderblätter
1 EL Weinessig
1 TL Zucker

Schwarze Bohnen sind ein weiteres Nationalgericht. Es gibt viele verschiedene Rezepte, abgestimmt auf alltägliche und festliche Anlässe. Noch zu Beginn des letzten Jahrhunderts war Kuba in Sachen Bohnen beinahe so zweigeteilt wie seine Bevölkerung: Frijoles negros aß man überwiegend im Westen Kubas, das mehrheitlich von Weißen bewohnt wurde. Der »schwarze« Osten um Santiago und Oriente hingegen bevorzugte rote Bohnen mit Reis (Congrí).
Heute sind schwarze Bohnen flächendeckend gleich beliebt. Um ihnen den richtigen Pfiff zu geben, werden – wie in vielen anderen Rezepten – Ajíes cachucha verwendet. Diese kleine Paprikasorte wird hierzulande kaum ein Gemüsehändler im Angebot haben. Als Ersatz empfehlen sich rote oder gelbe Paprika sowie ein kleines Stück einer Peperonischote, um das leicht pfeffrige Aroma der Ajíes cachucha nachzuahmen.

◆ Die Bohnen waschen, eventuell einweichen. In einem Schnellkochtopf mit Wasser bedeckt – falls vorhanden, dem Einweichwasser – und einem Lorbeerblatt zum Kochen bringen und bissfest garen. Währenddessen das Sofrito herstellen: Ajíes cachucha und Paprika halbieren und entkernen, das weiße Fruchtfleisch entfernen, die Schoten fein hacken. Den Knoblauch mit ½ TL Salz und Kreuzkümmel im Mörser zerreiben. In einer Pfanne Öl erhitzen und die Zwiebel darin leicht anschwitzen. Ajíes cachucha und Paprika kurz mitdünsten. Knoblauch, Oregano und Thymian unterrühren und den Topf vom Herd nehmen.
Die Mischung unter die vorgekochten Bohnen heben und bei offenem Topf garen, bis die Kochflüssigkeit sämig wird, dabei gelegentlich umrühren.
Die Hitze reduzieren und den grob gehackten Koriander sowie Essig und Zucker unterrühren. 5 Minuten mitgaren, nochmals abschmecken.
Beilage: weißer Reis

Festliche Variante:
Gewürfelten rohen oder gekochten Schinken, zwei
bis drei kleine Chorizos (gewürzte spanische Mett-
würstchen) oder durchwachsenen Speck mit in die
Bohnen geben

*Wie bei vielen Bohnengerichten wird auch hier das
Einweichwasser zum Kochen benutzt. Das steht im
Gegensatz zu der hierzulande verbreiteten Meinung,
es müsse abgegossen werden, um »Giftstoffe« zu entfernen und bestimmte blähende Nebenwirkungen zu
vermeiden. Die Kubaner scheinen keine Probleme
damit zu haben, im Gegenteil: Es gilt als kleine
Sünde, das Bohnenwasser wegzuschütten, da man
mit ihm auch einen Großteil der Farbstoffe entsorgt,
die den Frijoles negros ihre dunkelolivfarbene Tö-
nung geben. Wer sich trotzdem nicht traut, kann eine
gute Prise Natron zusetzen.*

Rote Bohnen mit Reis
Congrí

am Vortag beginnen
für 8 Personen

3 Tassen rote Bohnen
2 Tassen Langkornreis

für das Sofrito:
3 gehackte Knoblauchzehen
1 TL gemahlener
   Kreuzkümmel
1 Prise Zucker
4 EL Sonnenblumenöl
1 Ají cachucha
1 rote Paprika
4 kleine Tomaten
100 g Schweinespeck
nach Geschmack: etwas
   Schweineschmalz
2 gehackte Zwiebeln

◆ Die Bohnen in ein Sieb geben und unter fließendem Wasser gründlich waschen. In einem großen Topf in 8 Tassen Wasser über Nacht einweichen. Am nächsten Tag mit Einweichwasser zum Kochen bringen. Die Hitze reduzieren und die Bohnen mindestens anderthalb Stunden köcheln.

Währenddessen für das Sofrito Knoblauch mit 2 TL Salz, Kreuzkümmel, Zucker und 1 EL Öl im Mörser zu einer Paste zerreiben. Ají cachucha und Paprika halbieren und entkernen, das weiße Fruchtfleisch entfernen, die Schoten fein würfeln. Die Tomaten entkernen und hacken. Speck ebenfalls würfeln und in einer Pfanne auslassen. Das restliche Öl hinzufügen, eventuell Schmalz für einen intensiveren Geschmack, und die Zwiebeln darin glasig werden lassen. Paprika und Ají cachucha hinzugeben und etwa 3 Minuten mitschmoren. Zuletzt Tomaten und Gewürzpaste einrühren, weitere 3 Minuten köcheln. Die Pfanne vom Herd nehmen.

Wenn die Bohnen eine bissfeste, nicht zu harte Konsistenz haben, etwa 2 Tassen Bohnen mit etwas Kochwasser herausnehmen und zur Seite stellen. Im Topf müssen noch gut 4 Tassen Wasser verbleiben. Falls nicht, Wasser nachgießen. Reis und Sofrito zu den Bohnen geben und zugedeckt etwa 20 Minuten köcheln, bis der Reis gerade bissfest wird.

Den Deckel abnehmen – es muss immer noch etwas Wasser im Topf sein – und die zur Seite gestellten Bohnen wieder in den Topf geben. Kochen, bis die gesamte Flüssigkeit verdampft ist.

◆

Geflügel
Pollo y Aves

◆

Dieses Hühnchen wird in einer tiefen Kasserolle mit viel Knoblauch gebraten; es reicht für 4 bis 6 Personen, je nach Größe des Huhns und dem Appetit der Esser. Man serviert es zu viel körnigem weißen Reis, damit die leckere Sauce ein angemessenes Pendant findet.
Alle Zutaten sollten vor dem Anbraten des Hühnchens vorbereitet sein und griffbereit stehen.

◆ Zwiebeln in dünne Ringe schneiden. 8 Knoblauchzehen mit ½ TL Salz im Mörser zerreiben, die anderen halbieren.
In einer großen Kasserolle Öl erhitzen und das Hühnchen von allen Seiten darin anbraten. Die Hitze reduzieren und die Zwiebelringe glasig werden lassen. Allen Knoblauch kurz einrühren, Lorbeerblätter, Zimt, Kreuzkümmel, Salz und Pfeffer (2 bis 3 Umdrehungen) zugeben und nochmals kurz umrühren.
Essig, Wein und Rum angießen und mit etwas Zucker abrunden. Das Hühnchen mindestens anderthalb Stunden bei halb geschlossenem Topf braten. Alle 30 Minuten wenden.
Das Hühnchen auf eine Servierplatte legen. Zimtstange und Lorbeerblätter entfernen, die Sauce erneut mit Salz und Pfeffer abschmecken und getrennt reichen.
Beilage: weißer Reis

Brathühnchen mit Knoblauch
Pollo Asado con Ajo en Cazuela

2 Stunden Vorbereitungs- und Kochzeit

1 küchenfertiges Brathühnchen (2 kg)
2 große Zwiebeln
16 Knoblauchzehen
Öl
3 Lorbeerblätter
½ Zimtstange
1 Prise gemahlener Kreuzkümmel
2 EL Weißweinessig
½ Tasse Weißwein, Apfel- oder Traubensaft
¼ Tasse Añejo Havana Club (5 Jahre alt)
brauner Zucker

Hühnchen mit Melone
Pollo con Melón

5 Stunden Vorbereitungs-
und Kochzeit
für 6 Personen

6 Hühnchenbrüste
1 Frühlingszwiebel
2 EL Sonnenblumenöl
4 fein gehackte
 Knoblauchzehen
½ l klare Hühnerbrühe
½ Honigmelone
1 gelbe Mango
1 TL gemahlener Ingwer
1 Prise weißer Pfeffer
 und/oder Chilipulver
nach Geschmack: ½ TL Senf
2 EL geröstete Sesamkörner
 oder fein gehackte
 Erdnüsse
1 frischer Korianderzweig

*Genau richtig, wenn es heiß ist! Das Huhn wird ge-
dünstet und mit frischer Melone, Mango und etwas
Ingwer kalt serviert.*

◆ Die Hühnchenbrüste häuten und vorbereiten.
Die Zwiebel mit Grün in feine Ringe schneiden,
das Zwiebelgrün zugedeckt in den Kühlschrank
stellen.
In einem großen Topf etwas Öl erhitzen, Knoblauch und weiße Zwiebelringe darin anbraten. Die
Brühe zugießen und etwa 5 Minuten aufkochen.
Die Hitze reduzieren. Die Filets in die Brühe legen
und je nach Dicke bei schwacher Hitze 8 bis 12 Minuten gar ziehen lassen.
Herausheben und abtropfen lassen. Zugedeckt
mindestens drei Stunden kalt stellen. Die Hühnerbrühe auf etwa 2 Tassen einkochen.
Währenddessen die Melone entkernen, das Fruchtfleisch entweder würfeln oder mit einem kleinen
Löffel Kugeln ausstechen. Die Mango schälen, halbieren und entkernen, das Fruchtfleisch würfeln.
Die Brühe etwas abkühlen lassen, Melonen- und
Mangowürfel hineingeben. Ingwer und Zwiebelgrün unterrühren. Den Sud abschmecken, mit
weißem Pfeffer und eventuell Senf zu einem Dressing abstimmen und mindestens eine Stunde kalt
stellen.
Vor dem Servieren die Hühnerbrüste jeweils in einem tiefen Teller mit dem Dressing anrichten. In
einer trockenen Pfanne Sesam kurz anrösten und
über das Gericht geben. Mit gehacktem Koriander
bestreut servieren.
Beilage: weißer Reis

Bananen sind ein preiswertes
Hauptnahrungsmittel auf Kuba
– sowohl die süßen wie die
Kochbananen.

Bananenstaude in einem privaten Hinterhof
in Havanna.

Gemüseverkäufer in Camagüey. Seit der Zulassung der Bauernmärkte wurde das Angebot an Gemüse wieder üppiger.

Der Salat bekommt durch die Bohnensprossen den richtigen Biss. Die Auswahl ist Geschmacksache: Sehen Sie's kubanisch-pragmatisch: Mungobohnen sind besonders nussig im Geschmack, Sojabohnen am leichtesten zu bekommen.

◆ Die Hähnchenbrust waschen, trockentupfen und in ½ cm breite Streifen schneiden. Papayas halbieren, mit einem Esslöffel die Kerne herausschaben. Schälen, nochmals halbieren und in dünne Scheiben schneiden. Limonensaft untermischen, mit viel rosa Pfeffer würzen. Bohnensprossen mit kochendem Wasser übergießen und 1 Minute ziehen lassen. Abgießen und abtropfen lassen. Zwiebeln mit möglichst viel Grün in feine Ringe schneiden.

In einer großen Pfanne etwas Pflanzenöl erhitzen und die Fleischstreifen unter Wenden darin bräunen. Das Fleisch mit den Bohnensprossen in eine Schüssel geben und salzen. Bratfond in der Pfanne mit Brühe, Rum, Essig und Nussöl verrühren.

Papayastreifen unter die noch warme Fleisch-Sprossen-Mischung heben, mit Zwiebeln bestreuen. Salat mit Meersalz und rosa Pfeffer abschmecken und servieren.

Beilage: frisches Weißbrot

Papaya-Hähnchen-Salat
Ensalada de Pollo y Fruta Bomba

für 4 Personen

200 g Hähnchenbrust
1 große oder 2 kleine reife
  Papayas
1 Limone (Saft)
rosa Pfeffer
200 g Bohnensprossen
2 sehr frische Frühlings-
  zwiebeln
Pflanzenöl
Meersalz
5 EL Hühnerbrühe
2 TL Añejo Havana Club
  (7 Jahre alt)
1 EL Balsamessig
4 EL Nussöl

Scharfer Geflügelsalat mit roten Linsen
Ensalada de Pollo Picante

am Vortag beginnen

600 g Hähnchenbrustfilet
30 g Butter
10 EL Sonnenblumenöl
1 rote Chili
1 Bund glatte Petersilie
4 EL Sojasauce
1 TL Tomatenmark
3 EL flüssiger Honig
200 g rote Linsen
½ l Gemüsebrühe
3 Stangen Porree
½ Limone (Saft)

Eignet sich geschmacklich und optisch hervorragend als Teil eines festlichen Buffets.

◆ Das Fleisch waschen, tockentupfen und in mundgerechte Streifen schneiden. In einer großen Pfanne Butter und 2 EL Öl erhitzen und das Fleisch darin bräunen. Mit Salz und Pfeffer kräftig würzen. Vom Herd nehmen und zur Seite stellen. Chili halbieren, entkernen und hacken, Petersilie hacken.

Etwas Sojasauce, Tomatenmark und Honig verrühren. Petersilie und Chili zugeben, nach und nach das restliche Öl unter die Sauce quirlen. Filetstreifen und Sauce gut vermischen und über Nacht kühl stellen.

Am nächsten Tag die Linsen gründlich waschen und in Brühe etwa 10 Minuten köcheln.

Währenddessen den weißen Teil des Porrees waschen und in feine Würfel schneiden. Kurz in kochendem Wasser blanchieren, durch ein Sieb gießen und abtropfen lassen.

Linsen abgießen und ebenfalls gut abtropfen lassen. Porree und Linsen unter die marinierten Filetstreifen mischen und kurz vor dem Servieren nochmals mit Sojasauce, Limonensaft, Salz und Pfeffer abschmecken.

◆ Knoblauch mit 1 TL Salz, ½ TL schwarzem Pfeffer, Kreuzkümmel und Zucker im Mörser zerreiben. Den Saft der Bitterorangen unterrühren. Die Hähnchenteile in der Marinade wenden und in einem verschlossenen Gefäß zwei Stunden ins Tiefkühlfach stellen – das macht das Fleisch besonders zart. Reste der Marinade aufbewahren und kalt stellen.

Die Ajíes cachucha halbieren und entkernen, das weiße Fruchtfleisch entfernen, die Schoten in dünne Streifen schneiden. Kartoffeln schälen und würfeln.

In einer großen Kasserolle Öl erhitzen und die Hähnchenteile darin anbraten, bis sie etwas Farbe annehmen. Zwiebeln und Ajíes cachucha hinzugeben, 3 bis 4 Minuten mitbraten. Tomatenpüree, Kapern, Oliven, Rosinen und Kartoffelwürfel um das Fleisch verteilen. Wein und Rum angießen, die Hitze reduzieren und alles im geschlossenen Topf etwa 40 Minuten schmoren.

Hähnchenteile aus der Kasserolle nehmen und auf einer Servierplatte anrichten. Die Sauce nochmals mit Pfeffer und Salz abschmecken.

Beilage: Reis – trotz der Kartoffeln

Hühnerfrikassee
Fricasé de Pollo

3 Stunden Vorbereitungs-
und Kochzeit
für 6 Personen

1½ küchenfertige
Brathähnchen, zerlegt
6 Knoblauchzehen
2 Prisen gemahlener
Kreuzkümmel
1 Prise Zucker
2 Bitterorangen (Saft)
3 Ajíes cachucha oder je 1
rote und gelbe Paprika
6 mittelgroße Kartoffeln
½ Tasse Sonnenblumenöl
2 gehackte Gemüsezwiebeln
½ Dose pürierte Tomaten
3 EL Kapern
10 grüne Oliven, halbiert
¼ Tasse Rosinen
1 Tasse Weißwein
3 EL weißer Rum

◆

Fisch und Meeresfrüchte
Pescados

◆

Dieses Gericht kann mit jedem weißfleischigen Fisch zubereitet werden. Wie so oft, wird auch hier gerne Resteverwertung betrieben: Gekochter Fisch vom Vortag wird sozusagen recycelt und zerpflückt zum Reis gegeben. Das Ganze wird dann mit frischen Kräutern und Gewürzen aufgewertet.

◆ Den Fisch waschen, trockentupfen und mit Limonensaft beträufeln. 1 TL Salz darüber geben und mit ½ l Wasser im geschlossenen Topf dünsten, bis das Fischfleisch weich zu werden beginnt. Währenddessen für das Sofrito den Knoblauch mit etwas Salz im Mörser zerreiben. Ajíes cachucha und Paprika halbieren und entkernen, das weiße Fruchtfleisch entfernen, die Schoten würfeln. In einem großen Topf Öl erhitzen, nacheinander Zwiebel, Paprika und Knoblauch darin anbraten. Kurz verrühren und vom Herd nehmen.
Den Fisch mit einem Schaumlöffel aus dem Sud heben und in grobe Stücke zerpflücken. Den Sud abgießen, 2 Tassen auffangen und zurück in den Topf geben. Das Sofrito hineinrühren, Curry, Safran und Reis einstreuen, die Mischung bei schwacher Hitze etwa 30 Minuten köcheln. Nach 15 Minuten Garzeit die Fischstücke unterheben.
Gehackten Koriander erst kurz vor dem Servieren zugeben.

Gelber Reis mit Fisch
Arroz Amarillo con Pescado

2 Tassen Reis
500 g (etwa 1 Tranche) Pargo
½ Limone (Saft)
½ TL Curry
2 Safranfäden
4 Korianderblätter

für das Sofrito:
3 Knoblauchzehen
2 Ajíes cachucha oder
    1 kleine rote Paprika
1 grüne Paprika
2 EL Öl
1 fein gehackte Zwiebel

Thunfisch-»Pudding«
Pudín de Bonito

für 6 Personen

2 Dosen Thunfisch in Wasser
  (etwa 400 g)
5 Scheiben Weiß- oder
  Toastbrot
¼ Tasse Milch
¼ Tasse Olivenöl
2 gehackte Zwiebeln
5 Eier
1 Prise gemahlener
  Kreuzkümmel
Butter
2 Limonen

*Nein, hier wird es jetzt nicht süß: Das Wort »pudín«
wird in Kuba für alles Mögliche verwendet, Haupt-
sache, eine Zutat wird mit einer oder mehreren anderen vermengt – siehe zum Beispiel Pudín de Malanga.*
*Im folgenden Rezept zeigt sich zweierlei: zum einen
die kubanische Tendenz zur Convenience-Küche –
Fertiggerichte, sofern erhältlich, stehen hoch im Kurs
–, zum anderen die Vorliebe für Fisch aus der Konserve, obwohl man von frischen Prachtexemplaren
geradezu umzingelt ist. Vielleicht liegt es aber auch
daran, dass Dosenfisch auf Libreta zu haben ist, also
in jedem Haushalt zwangsläufig einmal im Monat
auftaucht.*

◆ Das Brot in Würfel schneiden und in einer
Schüssel mit Milch verrühren.
In einer kleinen Kasserolle Öl erhitzen und die
Zwiebeln darin glasig schmoren. Den Backofen auf
180° vorheizen.
Währenddessen die Eier gut verquirlen und unter
die Brot-Milch-Mischung heben. Die Zwiebeln,
den abgetropften und zerpflückten Thunfisch,
Kreuzkümmel, ¼ TL Salz und schwarzen Pfeffer
untermischen.
Eine Form mit Butter einfetten, die Mischung hineingeben und etwa 30 Minuten backen. Mit einem
Messer testen: Bleibt nichts mehr an der Klinge
hängen, ist der Pudín gar.
Ist er fest genug, kann er gestürzt werden, ansons-
ten in der Form servieren. Mit reichlich Limonenscheiben garnieren und kalt, aber nicht gekühlt ge-
nießen.
Beilagen: warmes Brot, einen Mojo (Seite 120)
oder eine einfache Knoblauchmayonnaise

◆ Den Fisch waschen, trockentupfen und mit einem Messer quer zum Körper viermal einschneiden. Auf eine Platte legen, mit Limonensaft übergießen und zur Seite stellen.
Die Süßkartoffeln schälen und in dünne Scheiben schneiden. In Wasser zum Kochen bringen und köcheln, bis sie gerade bissfest sind. Abgießen und ebenfalls zur Seite stellen.
Währenddessen die Oreganoblättchen von den Stängeln zupfen. Den Knoblauch mit 2 TL Salz und Oregano im Mörser zerreiben. Die Paste auf die vier Einschnitte im Fisch verteilen. Die Paprika halbieren und entkernen, das weiße Fruchtfleisch entfernen, die Schote in Ringe schneiden. Die Zwiebel in dünne Ringe schneiden.
Den Backofen auf 180° vorheizen. Eine feuerfeste Form mit 3 EL Öl auspinseln und den Boden mit Kartoffelscheiben bedecken. Den Fisch darauf legen und die Hälfte der Paprika- und Zwiebelringe darüber verteilen. Ein Lorbeerblatt zerreiben und über den Fisch streuen, die anderen um den Fisch verteilen. 2 EL Öl darüber träufeln und großzügig mit schwarzem Pfeffer versehen. Den Essig mit Tomatenpüree, Wein und Zucker verrühren und über den Fisch gießen. Mit den übrigen Zwiebel- und Paprikaringen belegen, mit dem restlichen Öl übergießen. Den Fisch locker mit Folie bedeckt 30 Minuten backen. Die Folie entfernen und weitere 10 bis 15 Minuten garen.
Mit gehackter Petersilie und Limonenscheiben servieren.

Beilage: Reis

Gebackener Weißfisch
Pargo Asado

für 6 Personen

1 großer küchenfertiger
    Pargo (etwa 2½-3 kg)
3 Limonen (Saft)
3 Süßkartoffeln
3 Zweige frischer oder
    1 TL getrockneter Oregano
6 Knoblauchzehen
1 rote Paprika
1 Gemüsezwiebel
1 Tasse Olivenöl
3 Lorbeerblätter
3 EL Weißweinessig
1 Tasse pürierte Tomaten
    (Dose)
1 Tasse trockener Weißwein
1 Prise Zucker
4 Stängel glatte Petersilie
1 Limone

Weißfisch auf Curubasauce
Pargo con Salsa Maracuyá

für 4 Personen

8 Rotzungenfilets (je etwa
   100 g) oder ein anderer
   feiner Weißfisch
1 ungespritzte Zitrone oder
   Limone
4 Petersilienstängel oder
   2 frische Korianderzweige
½ milde rote Chili
2 reife Curubas oder
   1 Passionsfrucht
1 Manga blanca oder
   ½ Mango
2 EL trockener Wermut
3 EL Butter
1 Prise Kurkuma
2 Tassen gekochter weißer
   Reis

Ein edles Rezept, das – selten genug in der kubanischen Küche – leicht und anmutig daherkommt. Es stammt aus einem Paladar in Havanna, in dem ein professioneller Koch auf eigene Rechnung arbeitet. Gutes Timing ist allerdings Voraussetzung, die meisten Weißfische sind empfindlich und nehmen schon leichtes Überhitzen übel. Die Curuba ist eine Spielart der Passionsfrucht. Die länglichen Früchte schmecken mildwürzig und säuerlich.

◆ Die Fischfilets abspülen, trockentupfen und in eine flache Schüssel legen. Die Zitrone in Scheiben schneiden, die Petersilie grob hacken, die Chili entkernen und würfeln. Fischfilets mit Zitronenscheiben, Kräutern und Chili belegen und zugedeckt eine Weile ziehen lassen.

Die Curubas halbieren, das Fruchtfleisch mit einem Löffel herauslösen, würfeln und in eine Schüssel geben. Die Mango schälen, halbieren, entkernen, fein würfeln und zugeben. Mit Wermut vermischen. Vier Teller vorwärmen.

In einer beschichteten Pfanne Butter zerlassen und den Fisch ohne die Zitronenscheiben bei schwacher Hitze von beiden Seiten etwa 2 Minuten braten. Dabei jeweils salzen und leicht pfeffern. Aus der Pfanne nehmen und auf den Tellern warm halten.

Die Fruchtmischung in die Pfanne geben und schwach aufkochen. Die Hitze reduzieren und etwa 1 Minute ziehen lassen. Herausnehmen und auf die Teller geben.

Das Bratfett mit 1 EL Wasser und Kurkuma verrühren, unter den Reis heben. Sofort zu den Fischfilets servieren.

Diese klassische Vorspeise verbindet Zartes wie die Garnele mit Kräftigem wie der Chilischote – eine Verbindung, die man in ganz Lateinamerika zu schätzen weiß. Statt der Garnelen kann man auch festen, weißfleischigen Fisch verwenden, den man grob würfelt und roh mariniert.

◆ Garnelen schälen und entdarmen, abspülen und trockentupfen. Nebeneinander in eine flache Schüssel legen. Knoblauch halbieren, Erdnüsse schälen und vom braunen Außenhäutchen befreien. Chilis halbieren, entkernen und grob zerkleinern.
Knoblauch, Limonensaft, Öl, Erdnüsse, ¼ TL Salz und rosa Pfeffer in der Küchenmaschine oder mit dem Pürierstab kräftig vermischen, so dass eine sämige Sauce entsteht. Garnelen mit der Sauce mindestens drei Stunden, am besten über Nacht marinieren.
Aus der Marinade nehmen und minutenweise in etwas Öl anbraten. Mit Petersilie garnieren.

Variante:
Die Marinade kann mit etwas Sahne aufgekocht, reduziert und dann kalt zu den Garnelen gereicht werden.

Chili-Garnelen mit Erdnüssen
Langostinos »Maní«

3 Stunden marinieren
für 4 Personen

12 Hummerkrabben
   (King Prawns)
4 Knoblauchzehen
50 g frische Erdnüsse
4 milde rote Chilis oder
   2 Ajíes cachucha
½ Limone (Saft)
200 ml Sonnenblumenöl
rosa Pfeffer
etwas glatte Petersilie

Austern mit Limonen und Chili-Salsa
Ostras con Salsa Pil-Pil

für 4 Personen

12 frische Austern
2 EL Chilisauce
2 reife Limonen (Saft)

Kein Machismo ohne Austern. Dabei schmecken sie einfach nur himmlisch nach Meer! Heute sind Austern Importware und werden so gut wie nicht mehr serviert. Die folgenden beiden Rezepte stammen aus Havannas mondäner Glanzzeit in den zwanziger Jahren.

◆ Gekühlte Austern vorsichtig mit einem Messer öffnen und auf vier Tellern verteilen. Auf jede Austernhälfte mit einem Teelöffel etwas Chilisauce geben, mit Limonensaft beträufeln. Kräftig mit schwarzem Pfeffer würzen und sofort servieren.

Austern à la Bloody Mary Cubana
Ostras »Bloody Mary Cubana«

für 4 Personen

12 frische Austern
Selleriegrün

für die Sauce:
2 cl Havana Club, weiß
2 Spritzer Tabasco
4 Spritzer Worcestershire-
  Sauce
½ TL Limonensaft
1 EL gehackter Schnittlauch
1 EL gehackte Salatgurke
1 EL gehackte Tomate,
  gehäutet und entkernt
2 TL gehackter Bleichsellerie
etwas Tomatensaft
Salz und Pfeffer
3 Eiswürfel

◆ Für die Sauce alle Zutaten in einem Cocktailmixer oder einem hohen Gefäß gut miteinander vermischen. Die Eiswürfel herausnehmen, abschmecken, eventuell mit Tomatensaft »verlängern«.
Die Austern mit einem Messer öffnen, auf Tellern anrichten und die Sauce auf den Austernhälften verteilen. Mit etwas Selleriegrün garniert sofort servieren.
Beilage: frisches Weißbrot

Dieses Rezept ist sicherlich spanischen Ursprungs, findet man es doch in ähnlicher Form auch häufig als Tapa auf andalusischen Tafeln.

◆ Die Sardellen waschen, trockentupfen und filetieren: Köpfe, Innereien und Mittelgräten herausschneiden. Die Filets mit der Hautseite nach unten in eine flache Schüssel legen. Mit Essig und Rum knapp bedecken. Zudecken und an einem kühlen Ort etwa 24 Stunden marinieren. Dabei gelegentlich schwenken, so dass die Filets von der Marinade umspült werden.

Am nächsten Tag den Knoblauch in sehr dünne Scheibchen schneiden, die Petersilie fein hacken. Die Sardellenfilets aus der Marinade heben, gut abtropfen lassen und mit dem Knoblauch in Öl einlegen. Kräftig salzen, mit Petersilie bestreuen und erneut drei Stunden kühl stellen.

Mit Limonenscheiben und Zwiebelringen anrichten und servieren.

Beilage: geröstetes Brot

Sardellen in Rotweinessig
Boquerones en Vinagre

am Vortag beginnen

600 g frische Sardellen
¼ - ½ l Rotweinessig
1 EL Añejo Havana Club
(7 Jahre alt)
4 Knoblauchzehen
½ Bund glatte Petersilie
¼ l kaltgepresstes Olivenöl
2 Limonen
1 sehr frische
Frühlingszwiebel (Grün)

◆ In einer großen Pfanne Öl erhitzen. Zunächst die Shrimps, dann den Knoblauch hineingeben und braten, bis sich die Shrimps rosa färben. Den Limonensaft angießen, mit 1 TL Salz und Pfeffer abschmecken. Weitere 2 Minuten köcheln – nicht zu lange, da sonst die Shrimps zäh werden. Sofort auf tiefe Teller verteilen und mit gehackter Petersilie bestreut sehr heiß servieren.

Beilage: geröstetes Weißbrot

Shrimps in Knoblauchöl
Camarones al Ajillo

für 2 Personen

12 Königskrabben
1 Tasse Olivenöl
12 fein gehackte
Knoblauchzehen
2 Limonen (Saft)
4 Stängel glatte Petersilie

◆

Fleisch
Carnes

◆

Das Nationalgericht Kubas. Ein Spanferkel gilt noch immer als Höhepunkt kulinarischer Freuden und wird immer dann zubereitet, wenn es etwas zu feiern gibt.

Das Rezept stammt aus Santa Clara und unterliegt jeweiligen regionalen Vorlieben. Es gibt gefüllte Varianten, unter anderem mit Oliven, mit Congrí (Seite 76) oder Moros y Cristianos (Seite 73).

◆ Für die Marinade alle Zutaten miteinander verrühren, bis sich das Salz vollständig gelöst hat.

Das Ferkel reinigen, auf einem großen Metallblech auf den Rücken legen und mit einem spitzen Messer viele tiefe Löcher in die Oberhaut stechen. Die Marinade hineinreiben, den Rest großzügig auf dem Spanferkel verteilen. Mindestens zwölf Stunden kühl stellen.

Wird das Spanferkel am Spieß gebraten, den herabtropfenden Sud in einer Schale auffangen und damit immer wieder die Haut des Tieres einpinseln. Mindestens zwei Stunden garen – je nach Größe des Tieres.

Traditionell wird das Spanferkel auf einem Gitter über einem Erdloch mit Holzkohle gegart. Der Braten wird mit Bananenblättern bedeckt, um die Hitze zu stauen.

Spanferkel
Lechón Asado

mindestens 12 Stunden
  marinieren

1 Spanferkel

für die Marinade:
4 Bitterorangen (Saft)
4 Knoblauchknollen
  (gehackte Zehen)
3 EL Salz
3 EL gemahlener
  Kreuzkümmel
3 EL getrockneter Oregano

Schweineschnitzel
Chuletas de Cerdo

für 4 Personen

4 Schnitzel (je 200 g)
2 EL Öl

für die Marinade:
2 Knoblauchzehen
1 EL getrockneter Oregano
1 EL geriebener Majoran
¼ TL gemahlener
   Kreuzkümmel
nach Geschmack: Pfeffer
4 EL Öl

Die Schnitzel sollten möglichst dünn und mürbe sein. Daher werden sie zunächst flach geklopft und mit einer speziellen Marinade bestrichen. Diese kann, in größerer Menge vorbereitet und mit Öl bedeckt, bis zu zwei Wochen im Kühlschrank aufbewahrt werden.

◆ Die Schnitzel mit einem Fleischklopfer bearbeiten und in etwa 4 cm breite Scheiben schneiden. Knoblauch mit 1 TL Salz im Mörser zerreiben. Oregano, Majoran, Kreuzkümmel und eventuell Pfeffer zugeben, zuletzt das Öl unterziehen. Die Schnitzel damit einreiben und mindestens 30 Minuten marinieren.
Öl erhitzen und die Schnitzel darin braten, bis sie eine bräunliche Farbe annehmen. Sofort servieren.
Beilagen: weißer Reis und ein Sofrito (Seite 117)

Empella bedeutet eigentlich Oberleder, meint hier aber die gesamte Haut eines Schweines inklusive des darunter liegenden Fettanteils. Sie wird in kleine Stücke geschnitten und heiß ausgebacken.

Schweinehaut gilt uns heute als »Abfallprodukt« des Schlachtens, weil wir sie nur noch an Schweinsfüßen und Beinscheiben zu sehen bekommen. Auf Kuba hingegen wird jedes Stück des geschlachteten Tieres verwertet. Selbstverständlich kann die ausgelöste Schwarte (oder nur die Haut) auch hierzulande beim Metzger bestellt werden.

◆ Die Haut mit ihrem Fettanteil in kleine Stücke schneiden und in einer trockenen, sehr heißen Pfanne knusprig ausbacken – vorsichtig, da es tückisch spritzen kann! Immer wieder wenden, bis das Fett fast vollständig verbrannt ist und die Stücke etwas Farbe annehmen.
Kräftig salzen und sofort servieren.

Empellitas werden als Snack zu Getränken gereicht oder mit schwarzen Bohnen oder gelbem Reis gegessen.

◆ Die Haut in kleine Stücke schneiden. Eine Pfanne mit Öl ausstreichen und die Stücke darin knusprig ausbacken. Immer wieder wenden, bis das Fett fast vollständig verbrannt ist und die Stücke etwas Farbe annehmen.
Kräftig salzen und sofort servieren.

Chicharrones sind wie Empellitas als Chips für den Verzehr nebenbei gedacht.

Schweinekrüstchen
Empellitas Fritas

1 Stück Schweineschwarte
   mit Fett

Speckgrieben
Chicharrones de Viento

1 Stück Schweineschwarte
Öl

Fleischklößchen
Albóndigas

für 6 Personen

1 kg gemischtes Hackfleisch,
  nicht zu fett
3 Knoblauchzehen
4 Eier
3 gehackte kleine weiße
  Zwiebeln
½ Tasse geriebenes Weißbrot
  vom Vortag
1 Prise geriebene Muskatnuss
1 Prise gemahlener
  Kreuzkümmel
2 Ajíes cachucha oder 1 rote
  Paprika
4 Tomaten
3 EL Öl
1 gehackte kleine rote
  Zwiebel
1 TL Gemüsebrühe instant
2 Tassen heißes Wasser
3 EL weiche Butter
1 TL eingelegte Kapern oder
  gehackte milde grüne
  Peperoni

◆ Knoblauch und ½ TL Salz im Mörser zerreiben. Die Eier trennen und die Eiweiß leicht schlagen, bis sie fest zu werden beginnen. Die Eigelb verquirlen. In einer großen Schüssel das Hackfleisch mit Eigelb, weißen Zwiebeln, Knoblauch, Brotmehl, Muskat und Kreuzkümmel gut verkneten. Zuletzt das Eiweiß untermengen. Kleine Fleischbällchen daraus formen und auf eine flache Platte legen. Zugedeckt 30 Minuten kühl stellen.
Währenddessen die Ajíes cachucha halbieren und entkernen, das weiße Fruchtfleisch entfernen, die Schoten fein würfeln. Tomaten halbieren, entkernen und ebenfalls würfeln.
In einer großen Pfanne Öl erhitzen und die rote Zwiebel darin glasig werden lassen. Die Ajíes cachucha und die Tomaten mitdünsten. Brühe in Wasser auflösen und zugießen. Gut verrühren und etwas köcheln. Dann die Fleischbällchen in die Sauce geben und zugedeckt etwa 30 Minuten gar ziehen lassen. Gegen Ende der Garzeit sollte die Sauce auf etwa die Hälfte reduziert sein. Zum Schluss die Butter über den Fleischbällchen verteilen, Kapern zugeben und mit schwarzem Pfeffer abschmecken.
Zu Reis oder Brot servieren.

Queso de Cabeza de Puerco ist eine tradierte, heute etwas archaisch anmutende Vorspeise, die zur Jahrhundertwende in »guten Häusern« als Ersatz für Gänseleberpastete gereicht wurde. Heute steht sie ausschließlich an wichtigen Feiertagen auf der Speisekarte.

Das Fleisch lässt man am besten vom Metzger vorbereiten. Das Äußere des Schweinskopfes muss erhalten bleiben, da er später gefüllt wird.

◆ Das Weißbrot kurz in Wein einweichen. Das Fleisch in kleine Würfel schneiden und mit Muskat, 3 TL Salz, weißem Pfeffer und Zucker in die Küchenmaschine geben. Das Weißbrot zugeben und alles zerkleinern, bis eine sämige Masse entsteht.

Die Ají cachucha halbieren und entkernen, das weiße Fruchtfleisch entfernen, die Schote fein hacken. Die Möhren in grobe Ringe schneiden, die Petersilie hacken.

Ohröffnungen und Schnauze des Schweinskopfes mit Nadeln und Küchengarn zunähen. Den Kopf durch die Halsöffnung mit der Masse füllen. Mit einem dünnen Küchentuch, wie es zum Abseihen von Suppen verwendet wird, fest umwickeln und mit Garn verschließen. In einem großen, hohen Topf mit warmem Wasser bedecken. Ají cachucha, Möhren, Zwiebeln, Knoblauch, einen Teil der Petersilie, Lorbeerblätter, Pfefferkörner und 1 TL Salz zugeben, alles zugedeckt zum Kochen bringen. Die Hitze reduzieren und alles etwa dreieinhalb Stunden köcheln.

Den Schweinskopf aus dem Topf nehmen und auf einer großen Platte abtropfen lassen. Mit dem Tuch umwickelt über Nacht kühl stellen.

Am nächsten Tag das Tuch entfernen und den Kopf entweder in etwa daumendicke Scheiben schneiden, mit der restlichen Petersilie und Zitronenscheiben garniert auf einem Buffet servieren. Oder die Füllung aus dem Kopf nehmen und zur weiteren Verwendung in ein gut verschließbares Glas füllen; sie hält sich im Kühlschrank etwa eine Woche.

Beilagen: dünne geröstete Brotscheiben und grüne Oliven

Schweinskopf-Käse
Queso de Cabeza de Puerco

am Vortag beginnen

1 Schweinskopf mit Zunge (ausgelöstes Fleisch, nicht Fett)
3 Scheiben frisches Weißbrot
1 Tasse trockener Weißwein
½ TL geriebene Muskatnuss
½ TL weißer Pfeffer
1 Prise Zucker
1 rote Ají cachucha
2 kleine Möhren
6 Petersilienstängel
4 gehackte kleine weiße Zwiebeln
5 gehackte Knoblauchzehen
4 Lorbeerblätter
1 TL schwarze Pfefferkörner
1 Zitrone

Zungen-Schmorbraten
Boliche

12 Stunden marinieren
für 6 Personen

1 kg Rinderzunge
3 EL Sonnenblumenöl
5 EL geriebenes Weißbrot
½ TL grobes Meersalz
2 Tomaten
2 Lorbeerblätter
1 Prise Zucker

für die Marinade:
500 ml Saft von Bitter-
 orangen und Limetten
 (etwa je 5 Früchte)
200 ml Ölivenöl
2 EL alter Havana Club
8 Knoblauchzehen,
 grob zerdrückt
1 grob gehackte kleine Zwiebel
1 gehäufter TL Salz
1 TL Kreuzkümmel
Blättchen von 4 Zweigen
 frischem Oregano
1 daumengroßes Stück
 Ingwerwurzel, geschält und
 gehackt

für die Füllung:
200 g Chorizo oder eine
 andere gut gewürzte
 Räucherwurst
50 g durchwachsener Speck
10 grüne Oliven ohne Stein,
 gehackt
5 gehackte Knoblauchzehen
2 gehackte Zwiebeln
1 kleine rote Paprika oder
 2 Ajíes cachucha, gehackt
3 EL gekochte rote Bohnen

◆ Für die Marinade alle Zutaten gut miteinander verrühren.

Das Fleisch waschen und trockentupfen, mit einem scharfen Messer eine Tasche hineinschneiden. In einem Topf mit der Marinade übergießen, zudecken und mindestens 12 Stunden kühl stellen. Dabei mehrfach wenden oder mit Marinade übergießen.

Für die Füllung alle Zutaten in einer Schüssel miteinander vermischen, zur Seite stellen.

Vor dem Anbraten das Fleisch aus der Marinade nehmen und abtropfen lassen. Die Marinade auffangen. Den Backofen auf 170° vorheizen.

In einer großen Kasserolle 2 El Öl erhitzen und das Fleisch von allen Seiten gleichmäßig darin anbraten. Herausnehmen und etwas abkühlen lassen. Den Braten mit der Mischung füllen, mit Küchengarn umwickeln oder mit Zahnstochern verschließen. Weißbrot mit Meersalz und etwas Pfeffer vermischen und das Bratenstück darin panieren. Zurück in die Kasserolle geben und im Ofen zugedeckt etwa 20 Minuten braten. Währenddessen Tomaten überbrühen, häuten, klein schneiden und entkernen. Mit Marinade und Lorbeerblättern zum Fleisch geben. Alles weitere anderthalb Stunden garen, dabei das Fleisch ab und zu mit dem Sud begießen.

Das Fleisch auf eine Servierplatte legen, Lorbeerblätter und eventuell Küchengarn entfernen. Den Bratensud erneut stark aufkochen, mit Salz, Pfeffer und etwas Zucker abschmecken. Erst bei Tisch portionsgerecht aufschneiden.

Beilage: Kochbananenpüree und gebratene Okraschoten

An einen Haufen alter Kleider (ropa vieja) hat den Namensgeber dieses Gerichts das zerpflückte Rindfleisch erinnert, das verwendet wird. Ein Standardgericht par excellence, das viele Varianten kennt. Am besten gelingt es, wenn das Suppenfleisch am Vortag gekocht wird. Ropa Vieja wird fast immer mit einem Sofrito zu Reis gegessen, man kann es aber auch in dünne Teigtaschen füllen und wie Tortillas oder Empanadas servieren.

◆ Das Fleisch in einen großen Topf geben und mit Wasser bedecken. Den Sellerie klein schneiden, die weißen Zwiebeln halbieren. Beides mit Lorbeerblättern und 1 EL Salz in den Topf geben. Zudecken, erhitzen und etwa anderthalb Stunden köcheln. Anschließend das Fleisch aus dem Sud heben, abtropfen lassen und einige Stunden kühl stellen.

Vor dem Braten die Ajíes cachucha halbieren und entkernen, das weiße Fruchtfleisch entfernen, die Schoten in feine Streifen schneiden. Tomaten halbieren, entkernen und würfeln.

In einer großen Pfanne Öl erhitzen und die rote Zwiebel darin andünsten. Den zerdrückten Knoblauch etwa 1 Minute mitbraten. Die Ajíes cachucha zugeben und zugedeckt etwa 10 Minuten dünsten. Tomaten, Kreuzkümmel, etwas Salz und schwarzen Pfeffer hinzufügen, den Rum angießen. Die Pfanne wieder zudecken und alles etwa 30 Minuten köcheln. Erneut abschmecken.

Das Fleisch mit den Händen zerpflücken – eventuell vorher klopfen, damit es mürber wird – und in die Pfanne geben. Zudecken und etwa 5 Minuten heiß werden lassen.

Währenddessen die Okras putzen, mit einem Tuch vorsichtig den Flaum von der Schale abreiben und die Früchte in heißem Essigwasser etwa 2 Minuten blanchieren. Abgießen und abtropfen lassen. In Streifen schneiden und in der Pfanne verrühren. Erneut abschmecken und mit gehackter Petersilie bestreut servieren.

Ropa Vieja

einige Stunden Vorbereitungs- und Kochzeit
für 4-6 Personen

700 g Suppenfleisch vom Rind
3 Stangen Sellerie oder ein anderes geschmacksintensives Suppengemüse
2 große weiße Zwiebeln
3 Lorbeerblätter
6 Ajíes cachucha oder je 2 grüne und rote Paprika
4 große Tomaten
5 EL Olivenöl
1 grob gehackte große rote Zwiebel
6 Knoblauchzehen
1 TL gemahlener Kreuzkümmel
2 EL weißer Rum oder 2 EL Weißweinessig
10 Okraschoten
Essig
4 Stängel glatte Petersilie

Lammsteaks mit Ingwer
Chuletas de Cordero con Gengibre

3 Stunden marinieren

4 küchenfertige Lammsteaks
  aus der Keule oder
8 Koteletts

für die Marinade:
4 Knoblauchzehen
1 daumengroßes Stück
  Ingwerwurzel
3 EL Öl
⅛ l dunkle Sojasauce
2 EL brauner Zucker
etwas schwarzer Pfeffer

◆ Für die Marinade Knoblauch mit etwas Salz im Mörser zerreiben. Ingwer dünn schälen und reiben. Mit den übrigen Zutaten gut verrühren, bis sich der Zucker völlig gelöst hat.
Die Lammfilets damit marinieren und mindestens drei Stunden, am besten über Nacht an einem kühlen Platz ziehen lassen.
Die Filets werden traditionell über dem offenen Holzkohlenfeuer gegrillt, können aber auch in der Pfanne kurz gebraten werden.
Beilagen: Reis mit einem Zwiebel-Sofrito und ein fruchtiges Chutney

Froschschenkel
Anca de Rana

für 4 Personen

16 küchenfertige
  Froschschenkel
5 Knoblauchzehen
2 Limonen
½ Tasse Öl
etwas abgeriebene
  Limonenschale
3 Stängel glatte Petersilie

In Kuba gibt es viele Frösche – und viele Menschen, die sie gerne essen. Das trifft besonders für die Zeiten zu, in denen andere Fleischsorten schwer verfügbar sind. Froschfleisch ist sehr zart und schmeckt ähnlich wie Hühnchen.

◆ Die Froschschenkel mit einer Paste aus Knoblauch und Salz einreiben und mit Limonensaft beträufeln. In heißem Öl von allen Seiten je 2 Minuten braten.
Mit Limonenschale und gehackter Petersilie bestreut servieren.

◆

Eierspeisen
Huevos

◆

Eier sind bei uns etwas Alltägliches, auf Kuba sind sie teuer und rationiert. Aus diesem Grund, aber auch aus Tradition gelten Eier als etwas Besonderes, Zeichen der Fruchtbarkeit und des Lebens. In den Hotels des Landes werden Omeletts oder Spiegeleier auch zum Frühstück serviert. Normalerweise sind sie aber Bestandteil des Almuerzo (Mittagessen) und werden gerne mit Picadillo (pfannengerührtes Hackfleisch), weißem Reis und einem leichten Salat verzehrt.

◆ Eier aufschlagen und in einer Schüssel kräftig verquirlen, nach und nach Milch, Salz und Pfeffer zugeben.

Die Avocado halbieren, eine Hälfte schälen und in Streifen schneiden. Die Oberfläche der anderen Hälfte mit Essig beträufeln, damit sie nicht braun wird, und anderweitig verwenden. Die Petersilie hacken.

In einer Pfanne Butter zerlassen und die Eiermischung hineingeben. Sobald sie zu stocken beginnt, die Avocadostreifen darauf verteilen. Von beiden Seiten bei schwacher Hitze braten.

Mit Petersilie bestreut servieren.

Ein Alltagsgericht, das immer wieder schmeckt und unendlich variiert werden kann. Ob man es mit Butter oder Olivenöl brät, ist auch auf Kuba eine Geschmacksfrage. Butter verfremdet den Geschmack der Eier nicht zu sehr. Wer eine beschichtete Pfanne hat, kann die Buttermenge reduzieren.

◆ Die Paprika halbieren und entkernen, das weiße Fruchtfleisch entfernen, die Schote fein würfeln. Zuckerschoten in Streifen schneiden, Tomaten halbieren, entkernen und würfeln, Kräuter hacken. Die Eier in einer Schüssel verquirlen, salzen und pfeffern.

In einer großen Pfanne 1 EL Butter zerlassen und die Zwiebel darin anschwitzen. Paprika zugeben und etwa 3 Minuten mitdünsten.

Die restliche Butter in die Pfanne geben und das übrige Gemüse mit den Kräutern weitere 2 Minuten darin garen. Die Eier darübergeben und stocken lassen. Immer wieder umrühren, bis das Revoltillo die gewünschte Konsistenz hat.

Nochmals mit Salz und Pfeffer abschmecken.

Beilage: Salsa Verde (Seite 121)

Avocado-Omelett
Tortilla de Aguacate

als Zwischenmahlzeit oder
  Vorspeise für 4 Personen

1 Avocado
6 Eier
4 EL Milch
Essig oder Zitronensaft
1 Petersilienstängel
50 g Butter

Kubanisches Rührei
Revoltillo Cubano

für 4 Portionen

6 Eier
1 kleine grüne Paprika
8 Zuckerschoten
2 Tomaten
3 frische Korianderzweige
  oder 3 Stängel glatte
  Petersilie
2 EL Butter
1 gehackte kleine Zwiebel
  oder 3 Frühlingszwiebeln

Kartoffeltortilla
Tortilla Fantasía

als Hauptgericht für 4
Personen

500 g Kartoffeln, vorwiegend
    fest kochend
200 ml Olivenöl
Meersalz
1 Zwiebel
10 Eier

◆ Die Kartoffeln waschen, schälen, der Länge nach halbieren und in dünne Scheiben schneiden. 5 Minuten in kaltes Salzwasser geben, dann auf Küchenpapier legen und trockentupfen.

In einer breiten Pfanne Öl erhitzen und die Kartoffeln etwa 10 Minuten darin braten, dabei ein- bis zweimal wenden. Mit Meersalz und wenig Pfeffer würzen. Die Scheiben herausheben und das Öl bis auf einen dünnen Film abgießen.

Die Zwiebel in Ringe schneiden, die Eier mit Schneebesen oder Pürierstab kräftig verquirlen. Die Zwiebelringe in der Pfanne verteilen und etwa 2 Minuten anbraten. Kartoffeln hineingeben, mit der Eimischung übergießen und die Mischung bei schwacher Hitze stocken lassen.

Die Tortilla auf den Pfannendeckel oder einen großen Teller stürzen und sofort wieder zurück in die Pfanne gleiten lassen. Die zweite Seite goldgelb braten.

In tortenförmige Stücke geschnitten servieren.

Beilagen: grüner Salat und eine kräftige Knoblauch-Mayonnaise

◆ Die Kochbanane schälen und in sehr dünne Scheiben schneiden.
In einer Pfanne Öl schwach erhitzen und die Bananenscheiben darin Farbe annehmen lassen. Herausheben und auf Küchenpapier abtropfen lassen. Das Öl aus der Pfanne gießen, die Pfanne aber nicht ausspülen.
Die Eier – sie sollten Zimmertemperatur haben – trennen, die Eiweiß steif, aber nicht stichfest schlagen, die Eigelb leicht verquirlen und mit ½ TL Salz unter den Eischnee ziehen.
In der Pfanne die Butter zerlassen und die Eimischung hineingießen. Sobald die Masse zu stocken beginnt, die Bananenscheiben darauf verteilen, die Ränder nicht belegen. Sollte die Eimasse noch etwas flüssig sein, sie mit einem Holzlöffel über die Bananenscheiben ziehen.
Das Omelett auf den Pfannendeckel oder einen großen Teller stürzen und wieder zurück in die Pfanne gleiten lassen. Die zweite Seite nur kurz braten.
Sofort servieren.

Kochbananen-Omelett
Tortilla de Plátanos Maduros

für 4 Portionen

1 große Kochbanane
¼ Tasse Sonnenblumenöl
6 Eier
3 TL Butter

◆

Fettgebackenes
Frituras

◆

◆ Den Maniok schälen und mit dem Hobelmesser der Küchenreibe grob raspeln. Petersilie hacken, Zwiebeln klein schneiden. Knoblauch mit Ei, Petersilie, Zwiebeln und etwas Salz im Mörser zerreiben. Mit dem Maniok verrühren. In einer tiefen Pfanne Öl erhitzen. Den Teig vorsichtig löffelweise in das heiße Fett gleiten lassen. Die Frituras goldgelb frittieren, mit der Schaumkelle aus dem Öl heben und auf Küchenpapier gut abtropfen lassen.

Frituras sind eine Ergänzung zu jedem Alltagsessen, besonders aber zu Gerichten mit hohem Saucenanteil.

Frittierte Maniok
Frituras de Malanga

für 4 Personen

2 große Maniokwurzeln
2 Stängel glatte Petersilie
2 Frühlingszwiebeln
6 Knoblauchzehen
1 Ei
½ l Öl

Diese kleinen Puffer können zu einem Sofrito oder einer pikanten Salsa gereicht werden. Falls der Maniok durch Kartoffeln ersetzt wird, sollten 2 TL gemahlene Walnüsse zugegeben werden, damit der typische Geschmack des Maniok annähernd erreicht wird.
Wie in vielen anderen kubanischen Rezepten kommen auch hier Korianderblätter zum Einsatz. Wer sie verwendet, sollte die Blätter mit einer Schere oder einem scharfen Hackmesser zerkleinern. Die Aromastoffe dieser Würzpflanze sind äußerst empfindlich: Pur im Mixer püriert werden sie penetrant bitter.

Maniok-Puffer
Frituras de Malanga y Boniato

150 g Maniokwurzeln
150 g Süßkartoffeln
2 Knoblauchzehen
2 frische Korianderzweige
2 Eier
1 Spritzer Limonensaft
4-8 EL Öl

◆ Maniok und Kartoffeln schälen und grob raspeln, in ein Leintuch geben und gut ausdrücken. Den Knoblauch mit ½ TL Salz im Mörser zerreiben, den Koriander hacken. Die Eier in eine Rührschüssel geben, Kartoffeln, Maniok, Knoblauch, Koriander und Limonensaft zugeben und gut miteinander vermengen. 30 Minuten zugedeckt kühl stellen, dann nochmals verrühren. Den Backofen auf 100° vorheizen.
In einer Pfanne Öl erhitzen. Den Teig löffelweise in das heiße Fett gleiten lassen und die Puffer etwas flach drücken. Von jeder Seite etwa 4 Minuten goldbraun backen.
Die fertigen Puffer im Backofen warm stellen, bis der gesamte Teig ausgebacken ist. Dann sofort servieren.

Kochbananen-Chips
*Chicharritas de
Plátano Verde*

für 4 Personen

2 große grüne Koch- oder
   unreife Fruchtbananen
½ l Sonnenblumenöl

*Als Snack, zum Sofrito oder zu allen möglichen
Fleischgerichten: Bananenchips sind ein alltäglicher
Bestandteil des kubanischen Essens – und kinder-
leicht herzustellen.*

◆ Die Kochbananen schälen und mit dem Hobelmesser der Küchenreibe in dünne Scheiben
schneiden.
In einer Pfanne mit hohem Rand Öl erhitzen und
die Bananenchips darin goldgelb frittieren. Mit der
Schaumkelle herausheben und in einem Sieb oder
auf Küchenpapier abtropfen lassen. Möglichst
bald servieren und erst kurz vor dem Verzehr salzen.

*Luftdicht und trocken verpackt lassen sich die Chips
ein paar Tage lagern.*

◆

Saucen
Salsas

◆

Bestandteil fast aller herzhaften Rezeptvarianten ist das Sofrito, eine Sauce, die aus Kuba nicht wegzudenken ist. Sofrito – von sofrir, braten – ist multifunktional: Je nach verwendeten Zutaten passt es zu Fleisch, Hähnchen und Reisgerichten, kann als Dip verwendet werden oder zum Bestreichen von Omeletts und Pfannkuchen.

Ein Sofrito kann durchaus solo gereicht werden. Oft ist es jedoch die Würz-Grundmischung für den Reis, den Maisbrei, das Maniokpüree, das – parallel oder vorher zubereitet – der jeweiligen Speise seinen individuellen Charakter verleiht.

Das Sofrito im folgenden Rezept wird kalt serviert, daher muss kräftig gewürzt werden. Die Konsistenz bleibt Geschmacksache und eine Frage der weiteren Verwendung: Nimmt man Tomatenpüree, wird das Sofrito sämig, mit gehackten Früchten hat es mehr Biss. Es lässt sich gut vorbereiten und hält sich gekühlt in einem luftdicht verschlossenen Glas etwa eine Woche.

Sofrito

für etwa 4 Portionen

1 rote und 1 grüne Ají cachucha oder mittelscharfe Peperoni
1 rote Paprika
6 gehackte Knoblauchzehen
4 Zweige frischer Oregano oder 1 kleines Bund Basilikum
150 ml Olivenöl
3 rote gehackte Zwiebeln
¼ l pürierte oder gehackte Tomaten
1 TL Essig oder Sherry
10 grüne Oliven ohne Stein
Zucker

◆ Ajíes cachucha und Paprika halbieren und entkernen, das weiße Fruchtfleisch entfernen, die Schoten fein würfeln.
Knoblauch mit etwas Salz im Mörser zerreiben.
Die Oreganoblättchen von den Stängeln zupfen.
In einem Topf Öl erhitzen, Zwiebeln und Knoblauch kurz darin anschwitzen. Paprika zugeben und etwa 10 Minuten bei schwacher Hitze mitdünsten. Ajíes cachucha in den Topf geben und weitere 3 Minuten dünsten.
Tomaten in den Topf geben, Essig, Oliven, Oregano, Salz und wenig Pfeffer hinzufügen und mit etwas Zucker abschmecken. Weitere 15 Minuten garen.

Basilikum-Pesto
Pesto de Albahaca

1½ Tassen gehackte
  Basilikumblätter
  (etwa 2 große Bunde)
¼ Tasse geschälte Erdnüsse
  oder Sonnenblumenkerne
3 Knoblauchzehen
¾ Tasse geriebener Criollo
  oder ein fester Weißkäse
¾ Tassen Olivenöl

Statt mit Pinienkernen und Parmesan wird dieses Pesto mit Sonnenblumenkernen und Queso criollo zubereitet. Wie sein italienischer Bruder passt es zu allen Nudelsorten, schmeckt aber auch auf Tomatenscheiben, als Brotaufstrich oder Basis für ein würziges Salatdressing. Im Gegensatz zu Italien, wo ein gutes Pesto nur ein von Hand im Mörser zerriebenes ist, scheuen sich die Kubaner nicht, ihre geliebte Batidora einzusetzen, um die Prozedur zu beschleunigen. Der Trick liegt darin, immer nur sehr kurz auf hoher Stufe zu pürieren, denn die Hitzeentwicklung des Mixers kann die empfindlichen Aromastoffe des Basilikums beeinträchtigen. Vielleicht schmeckt deshalb gekauftes Pesto nie so gut wie selbst gemachtes? Nicht nur auf Kuba wird Pesto gerne bevorratet – man macht sich einfach etwas seltener die Mühe der Zubereitung. Mit Olivenöl »versiegelt« hält es sich im Kühlschrank etwa zwei Wochen; wenn man einen sehr trockenen, lange gereiften Käse verwendet, sogar noch länger.

◆ Basilikumblättchen abzupfen. Falls eine Bevorratung geplant ist, ein Glas auskochen und mit der offenen Seite nach unten auf ein sauberes Handtuch legen.
Die Erdnüsse leicht anrösten, mit Basilikum und Knoblauch in der Küchenmaschine kurz anmixen. Nach und nach den Käse und das Öl angießen – 2 EL zurückbehalten – und jeweils kurz mitpürieren. Das Pesto soll eine cremige, nicht zu feste Konsistenz erhalten. Zuletzt kräftig mit Salz abschmecken.
Das sterilisierte Glas mit dem Pesto füllen und die Oberfläche mit 2-3 EL Öl versiegeln – oder sofort verwenden.

Variante:
Den Käse durch milden Feta ersetzen, dann jedoch das Pesto sofort verwenden.

Schwarze Bohnen sind neben Reis das Alltagsgericht auf Kuba. Das Einweichen kann man sich sparen, wenn man sie als Konserve kauft; dann sollte ein Teil der Flüssigkeit mitverwendet werden.

◆ Die Bohnen in 1 l Wasser weich kochen. Abgießen, etwas Kochwasser auffangen und in eine Rührschüssel geben.

Die Ajíes cachucha halbieren und entkernen, das weiße Fruchtfleisch entfernen, die Schoten würfeln. Chili entkernen und in Ringe schneiden.

Ajíes cachucha, Chili und Zwiebel zu den Bohnen geben, mit Essig, Limonensaft, Zucker, Salz und schwarzem Pfeffer kräftig würzen und alles mit dem Pürierstab durchmischen. Etwas Kochwasser zugießen, bis das Püree die gewünschte Konsistenz hat. Erneut abschmecken, eventuell etwas ziehen lassen und mit Koriander garniert servieren.

Das Püree kann warm oder kalt gegessen werden. Es passt als Beilage zu allen Fleischsorten und wird oft auch nur als »Sauce« zu Reis gegessen.

Bohnenpüree
Puré de Frijoles Negros

220 g eingeweichte schwarze
  Bohnen oder 300 g aus der
  Dose
2 kleine rote Ajíes cachucha
¼ gelbe Chili
1 gehackte rote Zwiebel
2 EL brauner Essig
1 TL Limonensaft
1 Prise Zucker
einige Korianderblätter

Mojo Criollo

7 Knoblauchzehen
½ Tasse Saft von
  Bitterorangen oder je
  ¼ Tasse Limonen- oder
  Orangensaft
1 EL Sonnenblumenöl oder
  Schweineschmalz

Dieser Mojo ist relativ flüssig und speziell für Gemüse gedacht, am besten für stärkehaltige wie Maniok, Yucca oder Kartoffeln.

◆ Den Knoblauch mit 1 TL Salz im Mörser zerreiben. Mit dem Saft der Bitterorangen und ¼ Tasse Wasser vermischen.
In einer Pfanne Öl erhitzen und die Knoblauch-Mischung 1 Minute darin andünsten. Die Pfanne vom Herd nehmen, zudecken und sofort heiß servieren.

Mojo zum Einlegen von Fleisch
Mojo Criollo para Adobar Cerdos antes de Asar

1 Knoblauchknolle
2 EL getrockneter Oregano
1 Tasse Saft von sauren oder
  Bitterorangen oder je
  ½ Tasse Zitronen- und
  Orangensaft

Normalerweise wird diese »Marinade« genutzt, um Schweinefleisch einen Tag vor der Zubereitung darin einzulegen. Durch die Fruchtsäure wird das Fleisch zarter, durch Kräuter und Gewürze besonders pikant. Besonders gut eignet sich dieser Mojo für Grillfleisch. Wie viel Marinade man zubereitet, hängt natürlich von der Fleischmenge ab. Die hier angegebene Menge reicht für etwa vier Koteletts.

◆ Die Knoblauchzehen mit 2 EL Salz und Oregano im Mörser zerreiben. Den Orangensaft gut unterrühren.
Das Fleisch mit dem Mojo bestreichen oder übergießen und wenden. Bis zum Braten oder Grillen mindestens eine Nacht kalt stellen.

Kaum eine Mahlzeit wird ohne eine frische Beilage wie Salat oder geriebenes Gemüse serviert. Dieses Dressing wird nicht für Viandas (stärkehaltige Gemüse wie Maniok oder Kartoffeln) benutzt.

◆ 2 EL Salz in ½ Tasse Wasser auflösen und mit Orangensaft vermischen. Ajíes cachucha halbieren und entkernen, das weiße Fruchtfleisch entfernen, die Schoten fein hacken. Alle Zutaten miteinander vermischen.
Das Dressing hält sich im Kühlschrank etwa eine Woche.

Dressing für Gemüse und Salate
Aliño Criollo para Ensaladas y Vegetales

1 Tasse Saft von sauren
  Orangen oder je ½ Tasse
  Zitronen- und
  Orangensaft
3 Ajíes cachucha oder eine
  andere Paprikasorte
6 gehackte Knoblauchzehen
1 kleine gehackte Zwiebel
2 EL Öl

◆ Die Gurke gründlich unter fließend heißem Wasser waschen. Halbieren und mit einem Löffel die Kerne herauskratzen. Mit Schale in kleine Stücke schneiden, kräftig salzen und in einem Durchschlag zur Seite stellen.
Die Tomaten kreuzweise einritzen und 2 Minuten in kochend heißes Wasser legen. Mit einer Gabel herausnehmen und häuten, halbieren, entkernen und in Stücke schneiden. Chilis halbieren und entkernen. Gurkenstücke unter fließendem Wasser nochmals abspülen.
Etwas Öl erhitzen, Chilis, Zwiebel und Knoblauch darin anbraten. Tomaten- und Gurkenstücke, Zucker und Korianderblätter beifügen und alles etwa 5 Minuten schmoren.
Die Mischung mit dem Pürierstab oder im Mixer pürieren und nochmals mit Salz abschmecken.
Salsa Verde wird kalt serviert und hält sich im Kühlschrank zwei Tage.

Grüne Sauce
Salsa Verde

½ Salatgurke
200 g grüne Tomaten
2 grüne Chilis
Olivenöl
1 grob gehackte weiße
  Zwiebel
2 grob gehackte Knoblauchzehen
1 Prise Zucker
2 frische Korianderzweige

Guacamole

1 große, reife Avocado
1 Limone (Saft)

Diese Avocado-Sauce – eigentlich eine Paste – findet sich in nahezu allen lateinamerikanischen Ländern in den unterschiedlichsten Varianten. Hier eine schnörkellose Variation cubana.

◆ Die Avocado halbieren und entkernen, das Fruchtfleisch aus der Schale heben und in grobe Stücke schneiden. Mit Limonensaft und ¼ TL Salz in der Batidora pürieren – fertig.

◆

Süßspeisen und Desserts
Postres

◆

Ein sehr altes Rezept, überliefert aus Pinar del Rio.
Die Mengenangaben sind abhängig von der Größe
der verwendeten Kokosnuss.

◆ Die Kokosnuss schälen und das Fleisch fein zerreiben.
Alle Zutaten bis auf die Eier gut miteinander vermengen. In einer Tasse die Eier mit einer Gabel schaumig schlagen und unterkneten, bis eine mittelfeste Masse entsteht.
Einen hohen feuerfesten Topf ausfetten und die Mischung hineingeben. Im Ofen bei mittlerer Hitze etwa 30 Minuten backen, bis eine knusprige braune Decke entsteht.
Aus dem Ofen nehmen, abkühlen lassen und im Kühlschrank einige Stunden kalt stellen.
Zum Servieren wie Kuchen in Stücke schneiden oder mit dem Löffel portionieren.

Kokosnusskuchen
Coco al Horno

einige Stunden ruhen lassen

1 reife Kokosnuss, bereits
  getrocknet, oder etwa
  400 g geriebenes
  Kokosnussfleisch
500 g Zucker
2 EL Mehl
1 TL Butter
Butter
4 Eier

◆ Den Reis etwa eine Stunde in ½ Tasse Wasser quellen lassen.
Das Wasser abgießen, den Reis abtropfen lassen.
Die Milch aufkochen, eine Prise Salz, Zucker, Limonenschale und Butter unterrühren. Die Hitze reduzieren und alles 40 Minuten köcheln.
In eine Servierschüssel geben, mit Zimt bestreuen und kalt stellen.

Kubanischer Milchreis
Arroz con Leche

250 g Reis
½ l Milch
250 g Zucker
1 TL abgeriebene
  Limonenschale
½ TL Butter
gemahlener Zimt

»Guavenmützchen«
Casquitos de Guayaba

für 30 Stück

15 reife Guaven
nach Geschmack:
  etwa 300 g Zucker

Guaven findet man in vielen südlichen Ländern der Erde, vor allem in Südostasien und den tropischen Teilen Amerikas. Eine reife Guave hat etwa die Größe eines kleinen Apfels. In ihrem rosafarbenen Fruchtmark stecken viele Kerne, die mitgegessen werden können. Geschmacklich ist die Guave so schwer zu beschreiben wie ein guter Wein: irgendwo zwischen Erdbeere und Birne, mit einem Hauch Ananas im Abgang.
Die Guaven für das folgende Rezept sollten sehr reif und von goldgelber Farbe sein. Der Name – casco bedeutet Hut – entstand, weil man die länglichen Früchte erst halbiert und dann das harte Fruchtmark so schält, dass die ursprüngliche (Mützen-) Form erhalten bleibt. Casquitos werden zu Käse als Nachspeise serviert.

◆ Die Guaven schälen und halbieren. Das Fruchtfleisch aus dem Mark herauslösen und zur Seite stellen – es kann später für eine Konfitüre (siehe nachfolgendes Rezept) oder einen Saft genutzt werden.
Die Guavenhälften in einem Topf mit Wasser bedeckt zum Kochen bringen. Kochen, bis sie weich zu werden beginnen.
Das Wasser um die Hälfte reduzieren. Die etwa der Hälfte des verbleibenden Wassers entsprechende Menge Zucker in den Topf geben – nicht zu wenig! Weiterkochen, bis die Casquitos weich werden und die Flüssigkeit sirupartig zu werden beginnt.
Vom Herd nehmen und in eine Schüssel geben. Bis zum Servieren im Kühlschrank kalt stellen.

◆ Normalerweise wird das Fruchtfleisch vor dem Kochen durch die Coladera gestrichen, ein spezielles Passiersieb; man kann die Kerne jedoch auch mitkochen, wenn die Konfitüre später etwas Biss haben soll. In diesem Fall fügt man dem Fruchtfleisch etwas Wasser hinzu. Wie viel, hängt von Menge und Konsistenz des Fruchtpürees ab und davon, wie flüssig die fertige Konfitüre werden soll. Das Fruchtfleisch zum Kochen bringen und mit Zucker süßen. Etwa 3 Minuten aufkochen, dann die Hitze reduzieren, bis die Konfitüre die gewünschte Festigkeit hat – sie dickt kaum nach beim Abkühlen.

Guavenkonfitüre
Mermelada de Guayaba

Fruchtfleisch (siehe nebenstehendes Rezept)
nach Geschmack: Zucker

Ein Festtagsdessert, weil es mit Sahne zubereitet wird – im heutigen Kuba ein echter Luxus. Ersatzweise kann fester Joghurt verwendet werden, dann wird die Creme jedoch weniger fest und bekommt einen leicht säuerlichen Grundton.
Wie viel Zucker man verwendet, ist Geschmackssache. Dieses Rezept orientiert sich am europäischen Gaumen, der es lieber etwas weniger süß mag. Also lieber wiederholt probieren und eventuell nachsüßen.

◆ Die Früchte schälen und in Stücke schneiden. Mit der Hälfte des Zuckers, dem Limonensaft und dem Vanillemark in Mixer oder Küchenmaschine auf höchster Stufe pürieren. Dabei nach und nach weiteren Zucker zugeben.
Die Hälfte der Sahne beifügen und kurz mit durchmixen. Eventuell die Mischung durch ein Sieb passieren. Kalt stellen.
Die übrige Sahne mit der Orangenschale in einem zweiten Gefäß steif schlagen.
Zum Servieren die Orangensahne locker unter die Guavencreme heben. Mit Orangenschnitzen und Minze verzieren.

Guavencreme
Crema de Guabaya

6 Guaven
4 TL Zucker
4 TL Puderzucker
1 TL Limonensaft
2 cm Vanillestange (Mark)
    oder 1 Spritzer flüssiges
    Vanillearoma
300 ml Sahne
abgeriebene Orangenschale
Orangenschnitze und
    Minzeblättchen

Bananen in Rum
Plátanos Rápidos

4 kleine Bananen
Butter
Zitronensaft
6 EL Havana Club, weiß
1 EL Vanillezucker
1 EL Puderzucker
1 TL Zimt
1 Prise geriebene Muskatnuss
½ ungespritzte Orange
    (abgeriebene Schale)

Wenn sie auch überall in Lateinamerika gern gegessen wird, ist die Banane auf Kuba doch so etwas wie ein Nationalobst. Wer vom kubanischen Lebensstil durchdrungen ist, gilt als aplatanado – zu Deutsch etwa: bananisiert.
Das folgende Rezept ist eine schnell zubereitete Süßspeise für Erwachsene – die Zutaten sind auch in Europa fast immer zur Hand.

◆ Bananen in Scheiben schneiden. Eine flache Form mit Butter einfetten, die Bananen fächerförmig hineinschichten. Mit wenig Zitronensaft beträufeln, damit sie nicht braun werden.
Die Bananen mit Rum beträufeln. Zucker, Gewürze und Orangenschale mischen, gleichmäßig darüber verteilen. Zugedeckt ein bis zwei Stunden kühl stellen.

Die Rum-Bananen können solo zum Cafésito serviert werden oder kombiniert mit Vanilleeis, Milchreis oder Schlagsahne.

Gebackene Cherimoyas
Chirimoya Cocida

3 nicht zu reife Cherimoyas
2 EL alter Rum (Añejo)
2 TL Limonensaft
2 gehäufte EL Butter
2 Eier
½ Tasse Zucker
⅛ l Weißwein
¾ Tasse Mehl
¾ l Öl
nach Geschmack:
    Puderzucker

◆ Die Cherimoyas schälen und in fingerdicke Scheiben schneiden, die großen dunklen Kerne herauspicken. Rum und Limonensaft verrühren, die Fruchtscheiben damit bestreichen.
Die Butter bei schwacher Hitze zerlassen. Die Eier trennen. Das Eiweiß kalt stellen. Aus Eigelb, flüssiger Butter, Zucker, Wein, einer Prise Salz und Mehl einen dickflüssigen Teig anrühren. Das Eiweiß sehr steif schlagen und unterheben.
In einer großen Pfanne Öl erhitzen. Die marinierten Cherimoyascheiben vorsichtig im Teig wenden und im heißen Öl schwimmend ausbacken, bis sie eine goldbraune Farbe annehmen.
Mit der Schaumkelle herausheben, gut abtropfen lassen. Mit Puderzucker bestäuben, sofort servieren. Eine Köstlichkeit auch zu Vanilleeis!

Tropicaleis: ein Genuss auch für kubanische Kinder.

Viele Kubaner/innen bereiten die Mahlzeiten auf Benzolkochern zu. Elektroherde sind teuer und überdies bei Stromsperren nutzlos.

Mit „Papa" Hemingway begann einst der
Siegeszug des Daiquirí um die Welt.
(Rezept Seite 143)

Populärster Vertreter kubanischer
Cocktailkunst: „El Mojito".
(Rezept Seite 143)

◆ Vier Flan-Förmchen mit etwas Butter einfetten und mit wenig Zucker ausstreuen. Nüsse und Pinienkerne mit der Stärke mischen. Die Orange heiß abwaschen und die Schale abreiben, die Frucht halbieren und den Saft auspressen. Die Eier trennen. Das Eiweiß halb steif schlagen. Nach und nach den restlichen Zucker einstreuen und sehr steif schlagen. Eigelb und restliche Butter schaumig schlagen. Orangensaft, -schale und Likör unterziehen, mit Rum abschmecken. Die Eiweiß-Zucker-Masse und die Nüsse vorsichtig unterheben. Die Masse auf die Förmchen verteilen. In der Fettpfanne des Backofens im Wasserbad bei etwa 170° 50 bis 60 Minuten garen.

Für die Sauce die Mango schälen, halbieren und die Hälfte des Fruchtfleischs vom Kern lösen. Das Fruchtfleisch in ein hohes Gefäß geben. Honig, Maracuja- und Limonensaft beifügen und alles mit dem Pürierstab pürieren. Kalt stellen.

Zum Servieren etwas Sauce auf große Teller gießen. Falls Sauce übrig bleibt, diese getrennt servieren. Die Förmchen aus dem Wasserbad nehmen und 2 bis 3 Minuten ruhen lassen. Den Pudding vorsichtig vom Rand lösen und auf die Sauce stürzen. Mit Puderzucker bestäuben.

Pudding mit Orangen und Mangosauce
Flan de Naranja con Salsa de Mango

für 4 Personen

50 g Butter
50 g Zucker
80 g gemahlene Nüsse
10 g gehackte Pinienkerne
2 TL Speisestärke
1 kleine ungespritzte Orange
2 Eier
2 TL Orangenlikör
¼ TL Havana Club Rum
(7 Jahre alt)
nach Geschmack:
  Puderzucker

für die Sauce:
1 reife Mango
1-2 EL Akazienhonig
80 ml Maracujasaft
1 EL Limonensaft

Buñuelos

2 Stunden ruhen lassen

500 g Maniokwurzeln
1 kg Yucca
1 kg Süßkartoffeln
2 Eier
½ TL abgeriebene
    Limonenschale
½ TL Anispulver
etwas Mehl
½ l Öl
nach Geschmack: Honig oder
    dickflüssiger Sirup

Höllisch süß und heiß verehrt: Buñuelos gelten als Festtagsleckerei. Zunächst weil ihre Zubereitung recht aufwändig ist, aber wohl auch, weil reichlich der drei beliebtesten Wurzelsorten darin verarbeitet werden: Maniok, Yucca und Boniato.

◆ Knollen und Wurzeln schälen, waschen und separat voneinander gar kochen. Mit einem Kartoffelstampfer zerkleinern oder in der Küchenmaschine grob pürieren. Die Eier verquirlen und unter die Mischung heben. Limonenschale, Anis und eine Prise Salz zufügen, alles gründlich verrühren. Mit bemehlten Händen auf einer sauberen Fläche aus dem Teig kleine, etwa 10 cm lange Rollen formen und diese zu einer Art Mini-Brezel legen. In einem Topf Öl erhitzen und die Buñuelos portionsweise darin frittieren. Mit der Schaumkelle herausheben, abtropfen und abkühlen lassen, mit Honig bestreichen. Mindestens zwei Stunden in den Kühlschank stellen und kalt servieren.

Wie erwähnt, gilt Maniok als so nahrhaft, dass sie püriert und mit Milch zubereitet als erste feste Babynahrung gegeben werden.

Obwohl die Wurzeln hauptsächlich zu herzhaften Speisen verarbeitet werden, geraten sie hier zu einem wunderbaren Dessert, das allerdings etwas Mühe macht. Es nennt sich Pudín, ist aber eher eine Art Gewürzkuchen.

◆ Die Biskuits zerbröseln und in einer Schüssel mit Wein vermengen. In einem großen Topf die Milch mit Zucker, zwei Prisen Salz, Zimt und Muskat erhitzen. Kurz aufkochen, vom Herd nehmen und auskühlen lassen.

Währenddessen den Maniok in fingerdicke Scheiben schneiden. Die Scheiben einzeln schälen und sofort mit Limonensaft bestreichen, um eine Verfärbung zu verhindern. In einem Topf mit Wasser bedeckt erhitzen und zugedeckt etwa 20 Minuten weich köcheln.

Das Kochwasser abgießen, etwa ¼ Tasse auffangen. Maniok und Butter mit einem Kartoffelstampfer zu einem dicken Püree verarbeiten. Falls nötig, etwas Kochwasser zugießen.

Den Backofen auf 200° vorheizen. Die Eier gut verquirlen und unter die abgekühlte Biskuitmischung heben. Die Zimtstange aus der Milch nehmen, Limonenschale unterrühren. Die Mischung mit dem Maniokpüree in einer Küchenmaschine verquirlen. Traubensaft, Mandeln und Rosinen untermischen. Eine Springform mit Butter einfetten und den Teig hineinstreichen. Im Ofen bei 180 bis 200° etwa eine Stunde backen. Mit einem Messer testen: Bleibt nichts mehr an der Klinge hängen, ist der Pudding fertig.

Den Kuchen abkühlen lassen, vorsichtig aus der Form lösen und auf eine Platte stürzen. Gut gekühlt servieren.

Maniokpudding
Pudín de Malanga

für 6–8 Personen

5 Maniokwurzeln (etwa 1 kg)
10 Löffelbiskuits oder 1 kleiner Mürbeteigboden
1 Tasse lieblicher Weißwein
2 Tassen Milch
¼ Tasse Zucker
1 Stück Zimtstange
etwas geriebene Muskatnuss
1 Limone (Saft)
8 EL Butter
3 Eier
½ ungespritzte Limone (abgeriebene Schale)
2 EL heller Traubensaft
½ Tasse geröstete Mandelstifte
½ Tasse Rosinen

◆

Nichtalkoholische Getränke
Refrescos

◆

◆ Das Fruchtfleisch aus der Melone lösen, entkernen und in Stücke schneiden. Mit Zucker und Limonensaft in der Batidora kurz durchmixen. Mit einem Strohhalm auf Eiswürfeln servieren.

Melonen-Drink
Refresco de Melón

½ Wassermelone
4 EL Zucker
etwas Limonensaft

Granadillas gehören zur Familie der Passionsfrüchte. Die kugelrunden orangefarbenen Früchte erinnern geschmacklich an Stachelbeeren, sind aber sehr viel süßer.

Granadilla-Cocktail
Copa Granadilla

für 4 Personen

◆ Die Granadillas halbieren, das Fruchtfleisch herauslösen und in einer Schüssel mit der Gabel zerdrücken. Orangen und eine Limonenhälfte auspressen, nach und nach unter das Fruchtfleisch rühren, bis die Masse eine sämige Konsistenz annimmt. Vanille beigeben und mit Zucker süßen. Je 2 EL Eis in Gläser geben, den Cocktail darüber gießen. Die zweite Limettenhälfte in vier dünne Scheiben schneiden. Die Cocktails mit Limette und Minze dekorieren und mit einem dicken Strohhalm servieren.

6 Granadillas
3 Orangen
1 Limone
1 Prise Vanillemark
nach Geschmack: Zucker
grob zerstoßenes Eis
1 EL Minzeblättchen

◆ Die Kokosnuss an drei Stellen anbohren, die Milch abgießen und auffangen. Die Frucht öffnen, das Fleisch mit einem spitzen, scharfen Messer herauslösen und raspeln. Mindestens einen Tag auf einem Blech ausgebreitet trocknen lassen.
Die Kokosraspel mit 4 Tassen Wasser, Kokosmilch, Eis und Zucker im Mixer mischen. Eine Stunde kühl stellen. Erneut pürieren, durch ein Sieb passieren und sofort servieren.

Kokos-Getränk
Refresco de Coco

1 frische Kokosnuss oder
   250 g getrocknete
   Kokosraspel
1 Tasse Kokosmilch (frisch
   oder Konserve)
3 zerstoßene Eiswürfel
nach Geschmack: Zucker

Die aufgefangenen Kokosraspel sind sehr nahrhaft und enthalten gesunde Ballaststoffe. Sie können in Reisgerichten, Kuchen oder als Puddingbasis weiterverwendet werden.

Mamey-Milchshake
Batido de Mamey

1 reife Mamey
½ l kalte Milch oder mehr,
  je nach gewünschter
  Konsistenz
½ TL Limonensaft
2 EL Zucker
8 zerstoßene Eiswürfel

Batidos zählen zu den wahren Köstlichkeiten der kubanischen Küche. Selbstverständlich liegt das an dem unnachahmlichen Aroma der Früchte, die auf der Insel wachsen. Man sollte meinen, zumindest Obst gäbe es im Überfluss, aber bis auf Bananen muss die Bevölkerung auch für Mameys, Mangos und Papayas hohe Preise bezahlen. Das Gros der Produktion ist für Tourismus und Export reserviert.
Ein Batido stammt immer aus Milch und Früchten, ein Batido de Helado wird mit Eis, am liebsten von Coppelia, hergestellt.
Die Mamey ist eine avocadoförmige Frucht mit einem ähnlich großen Kern. Die unscheinbare braune Außenhaut ist etwas für Kenner: Am Grad ihrer Fleckigkeit bestimmt er das Reifestadium. Das leuchtend rote Fruchtfleisch ist – ebenfalls ähnlich wie das einer Avocado – butterweich, geradezu perfekt geeignet zum Pürieren.

◆ Die Mamey halbieren, den Kern entfernen und das Fruchtfleisch mit einem Löffel herauskratzen. Mit den übrigen Zutaten in Batidora oder Küchenmaschine pürieren. Vorsichtig mit Zucker abschmecken – Mamey-Früchte sind ohnehin recht süß.

Papaya-Milchshake
Batido de Fruta Bomba

für 4 Personen

1 mittelgroße reife Papaya
½ l kalte Milch oder mehr,
  je nach gewünschter
  Konsistenz
nach Geschmack: Zucker
10 zerstoßene Eiswürfel

◆ Papaya halbieren, die Kerne herauskratzen und die Frucht schälen. Das Fruchtfleisch in Stücke schneiden und mit den übrigen Zutaten in Batidora oder Küchenmaschine pürieren.

◆ Die Mango schälen, halbieren und entkernen, das Fruchtfleisch in Stücke schneiden. Mit den übrigen Zutaten in Batidora oder Küchenmaschine pürieren.

Variante:
Bei der doppelten Menge Fruchtfleisch kann man auf die Zugabe von Milch und Zucker verzichten.

Mango-Shake
Batido de Mango

für 4 Personen

1 große reife Mango oder
  5 Manga blanca
½ l Milch oder mehr, je nach
  Menge des Fruchtfleischs
nach Geschmack:
  2 EL Zucker
8 zerstoßene Eiswürfel

Cherimoyas schmecken wie Erdbeeren, bei denen die Schlagsahne gleich mitgeliefert wurde. Die köstlichen Früchte sind etwa faustgroß und schilfgrün. Sie müssen vollständig ausgereift sein, bevor man sie verzehrt, und schmecken am besten gut gekühlt. Ein Cherimoya-Shake ist ein kleiner Luxus, weil dafür mindestens zwei der auch in Kuba nicht ganz billigen Früchte verwendet werden.

◆ Die Cherimoyas schälen, die bohnenartigen Kerne entfernen. Das Fruchtfleisch mit Milch, Zucker und Eis pürieren. Eventuell mit etwas Limonensaft abschmecken. Sofort servieren.

Cherimoya-Shake
Batido de Chirimoya

für 4 Personen

2-3 reife Cherimoyas
1 l eiskalte Milch
5 EL Zucker
10 zerstoßene Eiswürfel
nach Geschmack: Limonensaft

◆ Die Guanábana halbieren, das faserige Mittelstück herausnehmen, das Fruchtfleisch zerteilen. Alle Zutaten in die Batidora geben und kurz auf höchster Stufe mixen – fertig.

Guanábana-Shake
Batido de Guanábana

für 4 Portionen

½ Guanábana oder
  1 Cherimoya
¾ l eiskalte Milch
4 EL Zucker
8 zerstoßene Eiswürfel

Eis-Shake
Batido de Helado

für 4 Personen

8 Kugeln Milchspeiseeis mit
  hohem Fettanteil
½ l eiskalte Milch
4 zerstoßene Eiswürfel

◆ Alle Zutaten in die Batidora geben und kurz auf höchster Stufe mixen – fertig.

Ingwer-Limonade
Refresco de Gengibre

für 2 Personen

1 TL gemahlener Ingwer
1 Limone (Saft)
nach Geschmack: Zucker
1 Prise Zimt
1 Tasse eiskaltes
  Mineralwasser mit
  Kohlensäure

Zingiber officinale roscoe, wie die Ingwerwurzel botanisch heißt, ist ein Glücksfall für die Geschmacksnerven. Zwar scheiden sich an ihrem extremen Bouquet die Geister, fest steht jedoch, dass nichts den Gaumen besser klärt als die würzige Schärfe von Ingwer. Kaum ein anderes vergleichbar intensives Gewürz lässt sich für herzhafte wie süße Speisen einsetzen: Man stelle sich etwa einen Knoblauch-Milkshake vor… Dass beim Verzehr von Ingwer gleichzeitig Magen und Verdauung angeregt werden, ist ein zusätzliches Argument.

◆ 2 Tassen Wasser mit Ingwer in einen Topf geben und kurz aufkochen. Die Hitze reduzieren und den Sud 5 Minuten bei schwacher Hitze köcheln. Durch ein Sieb geben und kühl stellen.
Vor dem Servieren Limonensaft und Zucker unterrühren, bis sich der Zucker vollständig gelöst hat, mit Zimt abschmecken. Das Mineralwasser dazugießen und servieren.

Variante:
Auf Zucker verzichten und statt mit Zimt mit einer Prise Chilipulver abschmecken – pikant!

Resteverwertung einmal anders: Wer eine frische Ananas zubereitet, kann die Schalen verwenden, um aus ihnen dieses auf Kuba populäre Erfrischungsgetränk zuzubereiten. Angeblich enthält es keinen Alkohol – das hängt jedoch vermutlich davon ab, wie lange man den Sud kochen lässt.

Ananas-Limonade
Garapiña

3-5 Tage ruhen lassen
für 8 Personen

2 Ananas (Schalen und
   Strunk)
Eiswürfel
Minzeblättchen oder
   Hierbabuena

◆ Die Ananasschalen unter fließendem Wasser waschen und abtropfen lassen. In einem großen Gefäß mit 3 l Wasser aufgießen. Zugedeckt drei bis fünf Tage an einem kühlen Ort, jedoch nicht im Kühlschrank ziehen lassen.
Die Ananas durch ein sauberes Leintuch oder ein feinmaschiges Sieb passieren und den Sud in einem Topf zum Kochen bringen. Etwa 3 Minuten kochen, vom Herd nehmen und abkühlen lassen. Mit Eiswürfeln und Minze servieren.

Lychee-Limonade
Refresco de Mamancillo

2-3 Stunden ruhen lassen
für 4 Personen

14-16 Lychees
3 EL Zucker
1-2 zerstoßene Eiswürfel
Minzeblättchen oder
   Hierbabuena

◆ Die Früchte waschen und erst dann die harte Außenhaut entfernen. In einen Topf mit ¾ l Wasser geben und mit Zucker bestreuen. Zwei bis drei Stunden ziehen lassen, dabei mehrfach umrühren.
Die Lychees mit einer Schaumkelle herausheben und das Fruchtfleisch vom Kern lösen. Mit dem ausgetretenen Saft und den Eiswürfeln in der Batidora pürieren.
Abschmecken, eventuell nachsüßen und mit Minze dekoriert servieren.

Cherimoya-Erfrischungsgetränk
Champola de Guanábana

für 4 Portionen

1 Guanábana oder
  2 Cherimoyas
nach Geschmack: Zucker
  oder Limonensaft

Die Anona mericata, kubanisch Guanábana, stammt ursprünglich aus dem tropischen Teil Amerikas. Sie ist in Europa nicht erhältlich und lässt sich durch Cherimoya, auch Sternanone oder Zimtapfel genannt, ersetzen. Geschmacklich ist diese etwas weniger süß und von leichter, birnenartiger Säure. Die vielen schwarzen Kerne müssen relativ mühselig entfernt werden, aber das Ergebnis lohnt sich.
Reife Cherimoyas müssen unter Fingerdruck nachgeben und dürfen bereits einige braune Flecken aufweisen. Eisgekühlt auch ohne große Zubereitung ein Gedicht.

◆ Die Früchte halbieren und entkernen, das faserige Mittelstück herausnehmen. Das Fruchtfleisch mit 4 Tassen kaltem Wasser und Zucker in eine Schüssel geben, ein bis zwei Stunden im Kühlschrank ziehen lassen, dabei mehrfach umrühren. Das Fruchtfleisch mit dem Sud pürieren, eventuell nachzuckern oder mit wenig Limonensaft verfeinern. Kalt stellen.
Nach erneutem kräftigen Umrühren auf Eis servieren.

Zitrusfrüchtetee
Tisana de Limón y Naranja

15 Blätter des
  Pomeranzenbaumes
15 Blätter des
  Orangenbaumes
  (ungespritzt)
15 Blätter des
  Limonenbaumes
  (ungespritzt)
nach Geschmack: Zucker

Tisanas sind Tees aus den Blättern bestimmter Pflanzen, vorzugsweise von Zitrusfrüchten. Einige sollen heilende Wirkung haben, andere sind reine Durstlöscher. Tisanas wirken im schwülheißen Klima ausgesprochen erfrischend und werden heiß oder kalt getrunken.

◆ Die Blätter gut waschen, mit 1½ l Wasser in einem großen Topf erhitzen und etwa 15 Minuten köcheln. Abseihen, mit Zucker süßen, eventuell kalt stellen.

◆

Alkoholische Getränke und Rumcocktails
Cocteles de Ron

◆

Wer an kubanische Getränke denkt, denkt zuerst an Rum. Oder an die mit ihm gemixten Cocktails, allen voran den Cuba Libre. Doch an erster Stelle in der Gunst der Bevölkerung steht Bier. Cerveza ist das Volksgetränk und war vor der Spezialperiode überall für wenig Pesos zu haben. Inzwischen findet man zwar diverse klangvolle Namen auf dem Markt (Mayabe, Hatuey, Tinima), aber alle sind nur gegen Dollars erhältlich. Das sicher interessanteste Bier auf dem Markt ist das nach dem Indianer-Häuptling Hatuey benannte. Es ist süffig, mit etwa 18 Prozent Stammwürze stark und hat einen überraschend süßen Abgang, ähnlich deutschem Maibock.

Das Bier, das der Bevölkerung noch immer zugeteilt wird, kommt zu besonderen Anlässen auch schon mal im Tankwagen in die Städte und Dörfer. Dann stehen die Leute geduldig Schlange, um Flaschen und Kanister füllen zu lassen. Diesem Bier wird in der Brauerei gern mit etwas Zucker auf die Sprünge geholfen, damit sich der Gärprozess beschleunigt. Was gut ist fürs Tempo, ist allerdings weniger gut für den Kopf.

»Mi Mojito en el Bodeguita, mi Daiquirí in La Floridita«, entschied einst Ernest Hemingway. Die Bodeguita del Medio, so die Überlieferung, war Ausgangspunkt für Hemingways ausgiebige Trinkzüge durch die Altstadt Havannas. Heute ist sie Pilgerstätte für Pauschaltouristen. Und es bleibt ein Rätsel, wie Hemingway nach ungezählten Mojitos und Daiquirís am nächsten Tag schreib- und nobelpreisfähig war …

◆ 2 Zweige Hierbabuena im Mörser etwas zerreiben, damit die ätherischen Öle austreten, die den Geschmack des Cocktails ausmachen. Rum angießen und kräftig umrühren. Limonensaft, Kräuter, Angostura und Zucker in ein Glas mit geradem Boden geben. Das Glas mit Eiswürfeln auffüllen, mit einem Schuss Mineralwasser aufgießen, leicht umrühren.
Mit Cocktailsticker, einem Hierbabuena-Zweig und Strohhalm servieren.

Mojito Criollo

3 Zweige Hierbabuena oder Minze
3 cl frisch gepresster Limonensaft
2 Tropfen Angostura
2 TL weißer Rohrzucker
6-8 cl weißer Havana Club
Eiswürfel
Mineralwasser

Ein Daiquirí ist ein Daiquirí ist ein Daiquirí? Kaum. Es gibt sie frozen, geschüttelt und gerührt, mit Fruchtmark oder ohne, gezuckert oder pur, jungfräulich oder sündig … Dieser hier ist frozen, gezuckert, ohne Fruchtmark und auf jeden Fall eine Sünde wert.
Frozen bedeutet nichts weiter, als dass Rum und Eiswürfel in der Batidora zu Eisschnee gequirlt werden. Der Ernest Hemingway Spezial ist eine Hommage an den Kuba-Freund. Wiege des Drinks ist La Floridita, eine elegante Bar in der Altstadt Havannas, wo man noch heute den Stammplatz für Papa reserviert hält.

◆ Alle Zutaten in den Mixer geben und auf höchster Stufe durchmixen, bis ein trinkfähiger Schnee entsteht. In ein vorgekühltes Cocktailglas gießen und mit zwei kurzen Strohhalmen sofort servieren.

Ernest Hemingway Spezial
Daiquirí
Papa Hemingway

2 cl frisch gepresster Limonensaft
4 cl frisch gepresster Grapefruitsaft
1 cl Maraschino
8 cl weißer kubanischer Rum
Eiswürfel (etwa die Menge eines Cocktailglases)

Daiquirí de Piña

1 Scheibe frische Ananas
  (1 cm dick)
2 cl Limonensaft
1 TL Zucker
6 cl weißer Havana Club
Eiswürfel (etwa die Menge
  eines Cocktailglases)

◆ Die Ananasscheibe von Schale und Mittelstrunk befreien, in kleine Stücke schneiden. Mit den übrigen Zutaten in den Mixer geben und auf höchster Stufe durchmixen, bis ein trinkfähiger Schnee entsteht. In ein vorgekühltes Cocktailglas gießen und sofort servieren.

Daiquirí Rebelde

2 cl Limonensaft
1 cl Rohzuckersirup oder
  1 TL weißer Rohrzucker
2 cl grüner Pfefferminzlikör
6 cl weißer Havana Club
Eiswürfel (etwa die Menge
  eines Cocktailglases)
zum Garnieren:
Minzeblättchen

◆ Alle Zutaten in den Mixer geben und auf höchster Stufe durchmixen, bis ein trinkfähiger Schnee entsteht. In ein vorgekühltes Cocktailglas gießen und mit Minze dekoriert sofort servieren.

Der Klassiker, der so klassisch gar nicht ist.

◆ Rum ins Glas, Limonensaft dazu, mit Cola auffüllen. Mit Eis servieren.

Cuba Libre

3 cl weißer Havana Club
   (3 Jahre alt)
1 cl frischer Limonensaft
Coca-Cola
2 Eiswürfel

Einfach, trocken, gut.

◆ Alle Zutaten im Cocktailshaker gut schütteln. In ein vorgekühltes Cocktailglas abseihen und sofort servieren.

Cuban Side Car

3 cl frischer Limonensaft
3 cl Curaçao Triple Sec
3 cl weißer Havana Club
6 Eiswürfel

Presidente

3 cl roter Wermut
3 cl weißer Havana Club
1 Tropfen Angostura
1 Eiswürfel
etwas ungespritzte
   Orangenschale
zum Garnieren: Minzeblatt
   oder Cocktailkirsche

◆ Wermut, Rum, Angostura und Eis in einen Shaker geben, kurz schütteln und sofort in ein Cocktailglas abseihen – das Eis nicht mit ins Glas geben. Orangenschale in ein gekühltes Glas geben und den Cocktail darüber gießen. Mit Minze dekorieren.

Presidente Seco

3 cl weißer trockener
   Wermut oder Martini
3 cl weißer Havana Club
1 Tropfen Angostura
1 Eiswürfel
1 Streifen ungespritzte
   Orangenschale
zum Garnieren:
   1 grüne Olive

Die trockene Variante des Presidente.

◆ Wermut, Rum, Angostura und Eis in einen Shaker geben, kurz schütteln und sofort in ein Cocktailglas abseihen – das Eis nicht mit ins Glas geben. Orangenschale in ein gekühltes Glas geben und den Cocktail darüber gießen. Mit der Olive servieren.

Rezeptregister

Die *kursiven* Seitenangaben verweisen auf Texte, die den Begriff erläutern, die übrigen auf Rezepte, in denen diese Zutat eine wichtige Rolle spielt.

Stichwortregister

In der Reihe »Gerichte und ihre Geschichte« erschienen in gleicher Ausstattung:

Magdi und Christine Gohary ·
Brahim Lagunaoui
◆ Arabisch kochen

Stefan Ullmann
◆ Australisch kochen

Moema Parente Augel
◆ Brasilianisch kochen

Brigitte und Elmar Engel
◆ Indianisch kochen

Madhur Jaffrey
◆ Indisch kochen

Jürgen Schneider
◆ Irisch kochen

Beate Engelbrecht · Ulrike Keyser
◆ Mexikanisch kochen

Ketselah Wubneh-Mogessie
◆ Ostafrikanisch kochen

Parvin Vormweg
◆ Persisch kochen

Márcia Zoladz
◆ Portugiesisch kochen

Jojo Cobbinah, Holger Ehling
◆ Westafrikanisch kochen

…außerdem:
Jacob Blume
◆ Mit Lust die Welt verschlingen
Die sinnliche Küche Afrikas

Die Reihe wird fortgesetzt. Bitte fordern Sie unseren aktuellen Katalog an:

Verlag Die Werkstatt
Lotzestraße 24a
D-37083 Göttingen
www.werkstatt-verlag.de